你不得不知道的经典故事

史记故事

樊兴锋　陆满红　卢倍　周莹莹·编写

南京大学出版社

图书在版编目(CIP)数据

史记故事 / 樊兴锋等编写. —南京:南京大学出版社,
2009.7
(你不得不知道的经典故事)
ISBN 978-7-305-06263-6

Ⅰ. 史… Ⅱ. 樊… Ⅲ. 中国—古代史—纪传体—少年读
物 Ⅳ. K204.2-49

中国版本图书馆 CIP 数据核字(2009)第 109679 号

出 版 者 南京大学出版社
社　　址 南京市汉口路 22 号　　　邮编 210093
网　　址 http://www.NjupCo.com
出 版 人 左　健

丛 书 名 你不得不知道的经典故事
书　　名 史记故事
编　　写 樊兴锋　陆满红　卢　倍　周莹莹
责任编辑 李　娟　　　编辑热线 025-83596027

照　　排 南京玄武湖印刷照排中心
印　　刷 丹阳兴华印刷厂
开　　本 880×1230　1/32　印张 6.5　字数 135 千
版　　次 2009 年 7 月第 1 版　　2009 年 7 月第 1 次印刷
ISBN 978-7-305-06263-6
定　　价 12.80 元

发行热线 025-83594756
电子邮箱 sales@NjupCo.com(销售部)
press@NjupCo.com

屈子行吟

四面楚歌

目 录

华夏始祖

中国人一直称自己是“炎黄子孙”，这里的“黄”就是指黄帝。

相传黄帝姓公孙，出生在一个叫轩辕丘的地方，所以称为轩辕氏。他在姬水旁长大成人，所以又姓姬。后来黄帝在有熊建立国家，所以又称有熊氏。他在五行中属土，土是黄色，所以叫黄帝。

黄帝的出生充满传奇色彩，几个月就会说话，小时候伶牙俐齿，十分机智敏捷，长大后忠厚能干，明辨是非，大家都很尊敬他。

轩辕生活的时代，神农氏的后代开始走下坡路，虽然也称炎帝，其实已经不能胜任领袖的职位了。各部落之间为抢夺地盘互相攻打，神农氏却没有能力使他们安定下来。老百姓在战争中流离失所、妻离子散，生活得很是凄苦。

轩辕下定决心要改变这种局面。他开始操练兵士，讨伐那些不向炎帝进贡的部落，众多部落纷纷归顺轩辕帝。轩辕帝实际上成了新的部落领袖。同时他还在国内以德治民，鼓励老百姓种植谷物。后来，轩辕率领他手下的几个勇猛善战的部落，与炎帝在阪泉（今河北涿鹿县东南）展开激战，大败炎帝的军队。后来又经过多次激战，炎帝的后代彻底被征服。

这时，南方九黎国的国君蚩尤发动叛乱，公开反对轩辕的号令。于是，轩辕召集众多部落，在涿鹿山前的大平原征讨蚩尤。

双方展开生死搏斗，伤亡惨重。蚩尤眼看无法获取胜利，就运用法术，变出了浓雾，浓雾遮天盖地，三日都不散开。蚩尤指挥军队在浓雾中进攻轩辕的队伍。轩辕的队伍不擅长在浓雾中作战，损失惨重。轩辕命令手下制造指南车，为队伍在浓雾中指明方向。在指南车的帮助下，轩辕的队伍如虎添翼，向蚩尤的部队发起猛烈的进攻，很快就取得了绝对性胜利，并在中原一带擒拿到蚩尤。

哪里发生了战乱，轩辕就带兵去哪里征讨，平定叛乱后才带兵离开。最终轩辕平息了战乱，统一了天下。各个部落都尊拜轩辕为天子，替代了炎帝，号称黄帝。

为了让老百姓安居乐业，黄帝任用贤臣治理国家，制定了一系列有利于老百姓生活与生产的政策。他鼓励老百姓按季节播种收获，驯化野禽野兽，养蚕织布。他做事认真，观察事物细致入微，爱惜山林水产，懂得节约资源。他一年到头辛勤地奔波劳碌，从没过上清闲安逸的日子。

那时候，人们要出远门，都靠步行；要运东西，也只能靠人背着走，十分辛苦。有一年夏天，黄帝戴着草帽在地里干活，忽然刮起一阵大风，把他头上的草帽吹掉了。因为草帽是圆的，掉到地上像轮子一样滚了老远，他急忙追上去把草帽捡了起来。这件事给了他启发，他想，如果我们做一个架子，再装上能滚动的轮子，不就可以用来装运东西了吗？回去以后，他就找来木料和工具，根据自己的设想做了一遍又一遍，试了一次又一次，最后，终于做成功了。这就是我国最早的车，样子很像现在的独轮手推车。人们在使用过程中又把它改成了双轮车。后来，人们又驯服了牛，用它来代替人拉车。从此，人们出远门就有车子了，搬运东西也能用车了。

我国最早的船也是黄帝发明的。一个秋天的傍晚，黄帝干完了活，同大伙坐在河畔休息。他看到水面上漂着许多树叶，其中一片树叶上还爬着一只蚂蚁，虽然河水很深，蚂蚁在上面却像在平地上一样。黄帝指着那片树叶，高兴地对大家说："你们看，蚂蚁爬在树叶上，就能在河里浮着不沉下去。如果有像树叶一样能浮在水面上的东西，人呆在上面，不是也同样能在水面上行动吗？"大家听了，都觉得有道理。第二天，他们就找来一根很粗很粗的树干，把它放在河里。可是，由于树干是圆的，人一爬上去，它就滚动起来，人根本待不住。怎么办呢？他们又一起出主意，终于想出了一个好办法：把树干中间的一段挖空，人坐在中间。哈！果然能坐稳了。后来，他们又用木头做了桨，从此，人就能在水面上自由行动了。这就是我国最早的船，当时人们把它叫做"舟"。

由于牛车和木船的发明，使水陆交通都得到发展，这就为人们相互交往创造了条件，人们的生活也有了很大的改善。

黄帝在位时，国势强盛、政治安定、文化进步，有许多发明和制作，除了牛车和木船，还有如文字、音乐、宫室、衣裳等。他带领中华民族从野蛮向文明发展，人们也将他奉为人文始祖。

黄帝有25个儿子，其中有12个儿子被他赐姓，有两个儿子从了他的姓，有9个儿子被各封一国，黄帝的孙子颛顼，继承了帝位，号高阳氏。曾孙帝喾也得了天下，号高辛氏。尧帝是黄帝的玄孙，舜帝是黄帝的九代孙，夏禹为黄帝的11代孙，殷汤为黄帝的17代孙，而周文王姬昌为黄帝的19代孙，黄帝后裔子孙相承有1520年。

关于黄帝之死，还流传着一个美丽的神话。据说，他并没有死，最后的归宿是乘龙升天了。

尧舜禅让

黄帝以后，中原地区黄河流域的部落联盟出现了尧、舜、禹三个著名的领袖。他们原来都是单一部落的首领，后来被推选为部落联盟的首领。

尧，号为陶唐氏，他是帝喾的儿子，黄帝的第五代世孙，居住在西部平阳（今山西省临汾县一带）。

他十六岁开始治理天下，在位七十年。他当上部落联盟的首领后，仍然没有享受特殊的待遇，还是和大家一样住茅草屋，吃糙米饭，喝野菜汤，夏天穿粗麻做成的衣服，冬天披上鹿皮御寒。衣服、鞋子都要穿到破烂不堪，实在不能穿了才更换。

尧严于律己，爱护体谅老百姓。如果有人挨饿受冻，他就会说："这是我的失职，他们的痛苦是我造成的。"有人犯法，他也会说："是我把他陷在罪恶泥潭里的。"他把责任都揽在自己身上，深受百姓拥戴。老百姓拥护他，就像爱"父母日月"一般。

尧制定了历法，规定一年为365天，分为春、夏、秋、冬四季，使农、牧、渔、猎等生产活动按照自然规律进行。

尧身边还有一些能干的助手，一位叫后稷的人掌管农业，一位叫契的人领导军政，这些贤人把部落治理得很有生气。

尧在位七十年后，觉得自己的精力不够用了，不能更好地为老百姓服务了，就请大家推荐贤能的年轻人来接替自己的领袖职位。他召集四方部落首领前来商议，尧说出他的想法后，一个首领说："我觉得你的儿子丹朱是个开明的人，继承你的位子很合适。"

尧听了，严肃地说："不行，这家伙德行不好，不能包容别人，专爱跟人争吵。"

另一个首领说："管水利的共工，工作做得挺不错，他是个能干的人，继承你的位子怎么样？"

尧摇摇头说："共工能说会道，但他为人虚伪，表面上对人恭谨，心里却不是那么一回事。他继承我的位子，我不放心。"

大家讨论来讨论去，最终也没有结果。尧只好继续寻找他的继承人。后来，他又把四方部落首领找来商量，要大家推荐合适的人选。这次大家一致推荐舜，说他是个德才兼备、很能干的人物。

尧点点头说："我也觉得这个人挺好。你们能不能把他的事迹详细说说？"

大家便向尧介绍舜的情况。舜的父亲是个糊涂透顶的人，人们叫他瞎老头。舜的生母很早就死了，后母是一个很坏的人。后母生的弟弟名叫象，为人傲慢不讲理，舜的父亲却很宠爱他。舜生活在这样一个家庭里，待他的父母、弟弟却很好。所以，大家认为舜是个有德行的人。

尧听了挺高兴，决定先考察舜一番。他把自己的两个女儿娥皇、女英嫁给舜，还替舜筑了粮仓，分给他很多牛羊。舜的后母和弟弟见了，又是羡慕，又是妒忌，勾结舜的父亲几次三番想暗害舜。

有一回，舜的父亲叫舜去修补粮仓的顶。当舜爬梯子上仓顶的时候，父亲就在下面放起火来，想把舜烧死。舜在仓顶上看到起火了，连忙找梯子下来，但梯子已经不知去向了。幸好舜随身带着两顶遮太阳用的帽子，他双手拿着帽子，像鸟一样张开翅膀跳下来，轻轻地落在地上，一点也没受伤。

父亲和弟弟并不甘心，他们又叫舜去淘井。舜跳下井后，父亲和弟弟就在地面上把一块块大石头丢下去，想把舜活活埋在里面。没想到舜下井后，在井边挖了一条通道，钻了出来，又安全地回家了。

弟弟不知道舜没有死，得意洋洋地回到家里，跟父亲说："我这条计策不错吧，这一回哥哥一定死了。现在我们可以把哥哥的财产分一分了。"说完，他向舜住的屋子走去，哪知道，他一进屋子，发现舜正坐在床边弹琴呢。弟弟心里又惊又怕，很不好意思地说："哎，哥哥呀，我是多么想念您啊！"

舜也装作什么事情都没有发生一样，说："你来得正好，我的事情多，正需要你帮助我来料理呢。"

以后，舜还是像过去一样和和气气地对待他的父母和弟弟，他们也不敢再暗害舜了。

尧又派舜到各地去了解情况，根据调查情况制定治国方针。尧发现他品行端正，才能突出。舜代替尧工作近二十年，把各种事情办理得井井有条，大家都很佩服他。尧于是正式让位，历史上称为"尧舜禅让"。

几年后，尧死了，舜想把部落联盟首领的位子让给尧的儿子丹朱，可是大家都不同意。舜才正式当上了首领。

舜继位后，跟老百姓一样劳动，亲自耕田、打鱼、制陶，深受大家爱戴。他在位 39 年，起用了很多贤人，能听取不同意见。他经常到四方巡视，了解民情民意。在舜的治理下，各氏族部落进入了祥和繁荣的时期。

舜晚年身体不好，还依旧到南方各地去巡视。后来他病逝在苍梧，葬于湖南的九嶷山。舜也仿照尧的样子召开继位人选会议，民主讨论。大家推举禹来做继承人，后来大禹接替了他的职位，做了部落联盟的首领，禅让制度也得以延续下来。

大禹治水

四五千年前，我国发生了一次特大的洪水灾害。当时正处于原始社会末期，生产力极端低下，老百姓生活非常困难。中原地区到处都是茫茫的水面，许多的庄稼被淹了，房子被毁了，老百姓只好往高处搬。

当时的部落首领尧召开部落联盟会议，商量治水的问题。他向四方部落首领征求意见，首领们一致推荐鲧去治水。鲧采用堵塞围截的方法治理洪水，也就是将有人的地方以用土筑成的堤坝围起来，水涨得越高，土围得越高。到最后无土可挖了，大水还是倾泻而下，而人们又被围在堤坝里面跑不出去，死伤者不计其数。此次治水前后经过九年，损耗了大量的人力物力，洪水不仅没有消除，反而闹得更凶了。

舜接替尧当了部落联盟首领以后，亲自到治水的地方去考察。他发现鲧办事不力，就将鲧治罪，处死在羽山。

部落联盟会议又推举了鲧的儿子大禹去治水。大禹是一个大公无私、精明能干的人。他接受治水任务时，才刚刚和涂山氏的一个姑娘结婚。大禹看到群众受到水害的情景，十分痛心，觉得自己肩负的是拯救老百姓的重大任务，于是毅然告别妻子，来到水灾严重的工地。

大禹请来曾经参加过治水的前辈，总结失败的原因。他经过实地考察，制定了一条切实可行的方案：一方面加固和继续修筑堤坝，阻隔洪水；另一方面，用“疏导”的办法，使洪水分流，从而根治水患。为了便于治水，大禹还把整个地域划分为九个大州，即冀、兖、青、徐、扬、荆、豫、梁、雍等州。从此，一场规模浩大的治水工程便展开了。

大禹亲自率领二十七万治水群众，全面开始了治理洪水的行动。大禹除了指挥外，还亲自参加劳动，为群众做出了榜样。他戴着草帽，手握木锹，和老百姓一起劳动，夜以继日地工作，常常忘了吃饭和睡觉。他的脚掌生了老茧，指甲被磨光了，小腿上的毛也掉光了，还不到老年，他就得了一身的病，但是他仍是一跛一颠地来回在治水工地上指挥。

在治理洪水期间，大禹曾三次路过自己家门口，而忍着没进去探望。第一次，妻子生了病，他没进家去看望；第二次，妻子怀孕了，他也没进家去看望；第三次，他妻子涂山氏刚刚生下了儿子启，婴儿正在哇哇地哭，禹在门外经过，听见哭声，他多想看一眼他那才出生的儿子呀！可是他仍没有回家去，而是狠了狠心，又急匆匆地奔向了被水淹没的河滩。大禹“三过家门而不入”的故事被传为美谈，至今仍为人们所传颂。

当时，黄河中游有一座大山，叫龙门山（在今山西河津县西北）。它堵塞了黄河的去路，奔腾东下的河水受到龙门山的阻挡，常常漫出河道，所以经常会发生水灾。禹到了那里，观察好地形，带领人们开凿龙门。在他的带动下，治水工程进展迅速，大山终于被打开缺口，洪水由此一泻千里，向下游流去，黄河也畅通多了。

为了全面了解水情和地势，大禹踏遍了九州大地。在他的领导下，人们经过十三年的艰苦劳动，终于疏通了九条大河，修治了九个大湖，凿通了九条山脉，使洪水沿着新开的河道伏伏贴贴地流入大海，地面上又可以供人种植庄稼了。在治水的同时，大禹和治水的大军还大力帮助老百姓重建家园，修整土地，恢复生产，使百姓过上了安居乐业的生活。

大禹不仅治理了水患，而且还考察了九州的土地物产，规定了各地的贡品赋税，开通了各地朝贡的方便途径。大禹战胜了洪水，广得民心，使他有条件获得政治优势，成为尧的继承人。

大禹死后，其子启继位，建立了夏朝。因此，后人也称他为夏禹。

盘庚迁殷

商汤打败了夏桀建立商朝的时候，最早的国都在亳（今河南商丘）。在其后三百年中，都城一共搬迁了五次。因为商朝的王位继承制采取的是“哥哥传给弟弟”和“父亲传给儿子”相结合的方法。这就导致王族内部经常发生争夺王位的内乱事件。君王为了维护自己的统治，摆脱同宗兄弟的威胁，常常使用迁都的办法。因为君王可以乘迁都的机会，将忠于自己的王公大臣和亲信带走，而把反对和威胁自己权力的人员留下。从商王仲丁开始，商朝的国都便先后从亳迁到隞（在今河南荥阳），从隞迁到相（今河南内黄），从相迁到邢（今山东定陶），又从邢迁到了奄（今山东曲阜）。

当王位传到商朝的第二十代君王盘庚时，奄都已经非常热闹和繁华了。可是这里地势低洼，每到雨季便遭水淹，常常使交通中断，与外界的联络非常不便。

盘庚在各代商王中，是一个很有作为的君王。他既通晓自己国家和民族的历史，又有一套现实的统治办法；他能很好地笼络旧臣，又能不被这些人左右。因此，在盘庚继承王位的时候，他就意识到商朝正处于一个非常危险的时期，如果再不进行改革，抑制浪费的坏习惯，势必走向衰亡。为了改变这种局面，他决心再一次迁都。

但是，这个决定遭到了一部分大奴隶主贵族的强烈反对。因为他们拥有大量的奴隶、大面积的土地以及很多的房屋，迁都必然会使他们受到巨大的损失。一部分有势力的贵族甚至挑动平民老百姓起来闹事，而且闹得很厉害。盘庚面对强大的反对势力，并没有动摇迁都的决心。他把反对迁都的贵族找来，耐心地劝说他们："我要你们搬迁，是为了安定我们的国家，让我们的百姓安居乐业。你们不但不谅解我的苦心，反而引起无谓的惊慌。你们想要改变我的主意，这是办不到的。"

盘庚坚持迁都，挫败了反对势力，终于带着平民和奴隶，渡过黄河，搬迁到殷（今河南安阳小屯村）。"殷"这个地方，原叫北蒙，位于黄河中游的冲积平原上，有着优越的地理条件。这里土地肥美，既能灌溉，又易排水，很适合发展农业生产。当时商朝统治的中心，已由现在的山东、河南扩大到河北、山西、陕西、湖北、安徽和湖南等广大地区。位于河南北部的殷，居"天下之中"，便于对全国进行统治。

在那里，盘庚开始大力整顿商朝政治，并且很快将这里建成了一个政治和经济中心，取名为"大邑商"；同时进行了一系列的整顿与改革，他用茅草盖屋，减轻剥削，反对营造宫室，严惩贵族奢侈腐化，使衰落的商朝出现了复兴的局面，盘庚因此被称为中兴贤王。盘庚在位二十八年，在他以后，商朝又经历了八代十一个王，历经二百多年，商朝一直没有再迁都，所以商朝又称作殷商，或者殷朝，但本名仍称为商。

商朝灭亡后，经过三千多年的风风雨雨，殷早就变为一片废墟。到了近代，人们在安阳小屯村一带发掘出大量古代的遗物，证明那里曾经是商朝国都的遗址，就叫那里为"殷墟"。

从殷墟发掘出来的遗物中，有龟甲（就是龟壳）和兽骨十多万片，在这些龟甲和兽骨上面都刻着很难认的符号。这种文字和现在的文字有很大的不同，后来人们就把它叫做“甲骨文”。它是迄今为止发现的我国最早的文字，也是我们汉字的前身。这些文字记录了商朝当时的一些社会活动情况，比如占卜、祭祀、打猎、征战等等。所以说，我国最早有文字记载的历史，是从商朝开始的。

太公钓鱼

太公，字子牙，号飞熊，又称姜子牙。他是我国西周时期著名的政治家、军事家、谋略家，也是我国二百多个姓氏的血缘祖先。

姜子牙出生的时候，他的家境已经败落了。为了生活，他年轻的时候做过宰牛卖肉的屠夫，也开过酒店卖过酒。虽然家庭贫困，但姜子牙从小就有远大的抱负，一边做着小生意，一边勤奋刻苦地学习知识，不但掌握了天文地理、军事知识，还研究治理国家的方法，他期望将来有一天能为国家出谋划策。

听说周文王姬昌施行仁政，尊重贤能的人士，姜子牙不顾自己已经七十多岁的高龄，千里迢迢地前来投奔文王。但当他来到文王统治的西岐地区后，并没有迫不及待地前去求见，而是来到渭水北岸的磻溪（今陕西宝鸡县）住了下来。姜子牙经常到文王常去的渭水河边钓鱼，等待姬昌的到来。有一天，一个砍柴的农夫正好遇到姜子牙在钓鱼，看到他钓鱼的情景，农夫忍不住大笑起来。原来姜子牙虽然在钓鱼，却不用鱼饵，而且鱼钩还是直的，离水面有三尺多高。农夫嘲笑他说："像你这样子钓鱼，别说钓三年，就是钓一百年，也钓不到一条鱼啊!"姜子牙说："我虽然在钓鱼，但是我的本意不在鱼而是在当今贤明的君主啊！愿意来的自然会上钩的。"

一天，周文王正准备去打猎，负责占卜的太史编对他说："您这次到渭河北岸去打猎，一定会得到巨大的收获。您收获的不是龙，不是虎，也不是熊等珍奇动物，而是要得到一位能位列公侯的人才。他是上天赐给您的老师，将辅佐您的事业。在他的辅佐下，不仅您的事业能成功，就是您的子孙后代也能受惠很多。"文王问："占卜的结果果真是这么说的吗?"史编回答说："我有位名叫畴的远祖史编，他曾经给禹占卜过，结果禹得到了圣人皋陶。那次占卜的特征正好和今天的情景很相似。"

文王于是斋戒了三天，然后乘着猎车，驾着猎马，到渭水北岸去打猎。他见到了正坐在河岸边钓鱼的太公。文王走上前询问太公："先生喜欢钓鱼吗?"太公回答说："我听说君子很愿意实现自己的理想，而平凡的人则愿意先做好自己的事情。现在我钓鱼，就和这个道理很相似，并不是我真正喜欢钓鱼。"文王又问："这两样事情之间有什么相似的呢?"太公回答说："如果用钓鱼来比喻招揽人才，那么用厚禄收买人才，如同用饵钓鱼；用重金收买死士，也如同用饵钓鱼；用官职收买人才，也如同用饵钓鱼。只要是钓鱼，目的都是为了得到鱼，这很深奥，但是从中可以看出大道理。"

文王说："我很想听听这里面深奥的道理。"

太公回答说："水源很深的地方，水流就不停，水流不停，鱼类才能生存，这是自然的道理。树的根必须很深，枝叶才会茂盛，枝叶茂盛了，果实才能结成，这也是自然的道理。有学问有修养的人必须情投意合，才能亲密合作，只有大家亲密合作，事业才能成功，这也是自然的道理。言谈举止，很多时候是用来掩饰内心真情的，如果能说真情实话，才是最好的事情。接下来我要说的都是真心实话，没有丝毫隐瞒，恐怕会引起您的反感吧？”文王说：“只有具备仁德品质的人，才能接受直率的劝告，也不讨厌说真话的人。我怎么会反感您说的话呢？”

太公继续说：“钓鱼的丝线很细微，能看得见鱼饵，小鱼就会上钩；钓鱼的丝线粗细适中，鱼饵很香，中等大小的鱼就会上钩；钓鱼的丝线又粗又长，鱼饵很丰盛，大鱼就会上钩。鱼如果被香饵引诱，就会被丝线牵住；人要想得到君主的报酬，就会服从君主的使命。所以用香饵钓鱼，鱼就能被我们食用；用爵位俸禄招揽人才，人才就能尽您所用；以家为基础谋取国家，国家就会变成个人的；以国家为基础谋取天下，天下才能够完全被征服。可惜的是，虽然土地广阔，国家维持的时间很长，但它所积聚起来的东西，最终会烟消云散；只有默默无闻，不动声色地在暗中积聚力量，它的光芒才会普照四方。这是多么微妙的变化啊！圣人的道德，就在于能潜移默化地收揽人心。圣人所考虑的事情，就是使天下的人都能得到自己想要的东西，从而争取民心。”

文王问道：“那么应该采用什么办法才能使天下归心呢？”

太公回答说：“天下不是一个人的天下，而是天下所有人共有的天下。能同天下所有人共同分享天下利益的，就可以取得天下；独占天下利益的，就会失掉天下。天有四时，地有财富，能和人们共同享用的，就是仁爱。有了仁爱，天下的人就会归附。免除人们的死亡，解决人们的苦难，消除人们的祸患，解救人们的危急，就是恩德。有了恩德，天下的人就会归附。和人们同忧同乐，同好同恶的，就是道义。有了道义，天下的人就会争相归附。人们没有不厌恶死亡而喜欢活着，欢迎恩德而追求利益的，能为天下人谋求利益的，就是王道。王道所在，天下的人就会归附。”

文王两次拜谢太公说：“先生讲得太好了。我怎么敢不接受上天的旨意！”于是，把太公请上猎车，一起回到国都，并拜他为老师。

姜尚辅佐文王，兴邦立国，还帮助文王的儿子武王姬发，灭掉了商朝，建立了周朝。他因辅佐武王伐纣有大功，被封为齐太公，成为齐国的始祖，是赫赫有名的“千古一相”。唐肃宗上元元年（公元 760 年），姜太公更被追封为“武成王”，立庙祭祀，与受封为“文宣王”的孔子并驾齐驱。历代典籍都公认他的历史地位，儒、道、法、兵、纵横家等流派都追认他为本家人物，尊称他为“百家宗师”。

不食周粟

“不食周粟”讲的是伯夷和叔齐的故事。

在商朝末年的时候，北方有个小国叫孤竹，孤竹的国王有三个儿子。大儿子叫伯夷，忠厚老实，不会变通，更不会拍父亲的马屁，因此国王不喜欢他。二儿子不仅没有才能而且心地也不好，所以老国王也不喜欢他。只有小儿子叔齐，不但聪明而且懂得顺从他老人家。按照规矩，应该立大儿子伯夷为王，可是老国王却想让叔齐继位。

国王在临终前留下遗嘱把王位传给了叔齐，并且希望伯夷好好辅佐他。叔齐认为王位应该传给他的哥哥，于是他找到伯夷，想请哥哥当国王，伯夷没有答应。为了能让弟弟安心地当上国王，他收拾行李，悄悄地离开了王宫。叔齐发现伯夷离家出走后，更觉得不能在这个时候继位，决定去把哥哥找回来，所以也悄悄地离宫了。国不能一日无君，大臣们没办法，只能立二儿子为国君。

兄弟两人团聚后，决定不再回到孤竹国。他们听说西伯侯姬昌（即周文王）比较尊老敬老，就一起来到了周国。当时周国政治清明，环境优美，百姓安康，社会安定，他们很满意那里的环境，就在那里定居下来。刚到那里不久，西伯侯就去世了，周武王继位。继位后的武王不等料理完父亲的丧事就调动兵力，大举东征，讨伐商纣。武王把父亲的木制灵位放在战车上，当周朝的军队进军到现在的孟津地区时，伯夷、叔齐不顾自身安危跑上前去，拉住武王的马头劝说道："你父亲去世还没安葬，就发动战争，这能说是孝吗？以臣子的身份，却去攻打君主，这能说是仁吗？"武王的将士见二人如此大胆，非常生气，拔出剑来要杀他们，被姜太公制止。姜太公说："这是两个讲道德的人。"并要求将士不要为难他们。

后来武王讨伐纣王成功，天下统一成为周朝，周武王封他去世的父亲为周文王。伯夷、叔齐认为这是件可耻的事，两人决心不做周朝的臣民，也不吃周朝的粮食。兄弟两个离开周朝的统治区，到一个叫首阳山的地方隐居下来，靠采集山上的薇菜填肚子。当地一位妇人看到他们说："你们不吃周朝的粮食，可你们现在采摘的野菜也是生长在周朝土地上的呀！"两人一听，感到很羞愧，立刻决定绝食等死。临死之前，他们还作了一首歌，歌词是这样的：

登上那高高的西山啊，
采摘山上的薇菜来充饥。
使用暴虐来代替暴虐啊，
还不知道错的是你自己。
神农虞舜和夏禹的盛世，
忽然间都已经消逝无迹，
我们的归宿呀它在哪里？
上那西山呀采它的薇菜，
神农虞夏一下子过去了，
我们的命运是如此不济！

武王伐纣

商朝后期政治混乱。纣是商朝最后一个国王，他是中国历史上有名的暴君。

纣天资聪明，又天生神力，有拽动九头牛、搬动梁柱的力量。纣即位之后，在大臣的精心帮助下，把国家治理得井井有条。他还亲自率领军队，讨伐东夷等不服他统治的少数民族部落。

后来，纣王的威望渐渐提高了，他的骄横与享乐的情绪也暗暗滋长了。纣王便决定扩都，把都城改为朝歌。以后纣王不断地攻打东夷，由于战争的胜利，一批批的战俘被带到了朝歌。这些成千上万的战俘，都变成了殷国的奴隶，大大促进了殷王朝的农业、牧业和手工业的发展，提高了奴隶主贵族的生活水平。纣王在大臣面前开始骄横起来，听不进劝谏的话，渐渐地连比干的话也听不进去。同时，生活要求也跟着高了起来，雕花的筷子换成了象牙的，杯子也换成了犀玉的。

纣王在首都北边的沙丘养着各地送来的珍禽异兽，在首都的南边修建鹿台，用来存放无数的珍宝财物。他修建的巨大仓库里，装满了从全国各地掠夺来的粮食。他造了“酒池”，里面装满了美酒；还造了“肉林”，里面挂满了香喷喷的熟肉。纣王整日花天酒地，和爱妃妲己以及贵族们嬉戏游乐。

为了满足自己的享乐，纣王就加重赋税，使社会矛盾越来越尖锐。百姓起来反抗，他就用重刑镇压。他还发明了很多严酷的刑罚，其中一种叫“炮烙之刑”，就是把涂满油脂的铜柱子放在燃烧的炭火上，强迫犯人在上面行走，犯人站不住，就掉在炭火中活活烧死。

此时，活动在渭河流域的姬姓周部落逐渐强大起来。周原来是商的属国，周文王一心要治理好自己的国家，他重视农业生产，待人宽厚，重用姜太公等人才。姜太公帮助周文王整顿政治和军事，对内发展生产，使人民安居乐业；对外征服各部族，不断扩大疆土，周的势力逐步强大。周文王死后，他的儿子姬发继位，这就是周武王。周武王继续沿用文王富国强兵的政策，重用姜太公和周公旦，使国力增强。又在孟津（今河南孟津东北）与诸侯结盟，向商朝的另一个首都朝歌派遣间谍，准备找准机会起兵讨伐纣王。

这时候，商朝统治集团内部的矛盾逐渐激化。纣王不听任何人的劝说，他的叔叔比干因为向他提意见而被他挖心处死。另一个大臣劝他说，这样将会有亡国丧命的危险，商纣王却回答说，他的性命是有上天保祐的，谁也不能把他怎么样！纣王的残暴统治激起了人们的反抗，动荡不安的社会像烧开了的水那样的沸腾。武王觉得殷商已经分崩离析、众叛亲离了，征伐纣王的时机已经成熟，于是他立刻拜姜尚为帅，联合西方和南方的各个部落，率领兵车 300 辆，卫军3000人，士卒 4.5 万人，进军到距离商纣王所居的朝歌只有70 里的牧野（今河南淇县西南），举行了誓师大会，历数纣王罪状，鼓励大家同心伐纣，要一鼓作气奋勇向前，不灭纣王，绝不退兵。

双方在牧野展开大战。商朝的军队中大部分是临时武装起来的奴隶和从东夷捉来的俘虏，他们平时恨透了纣王，不但不抵抗，还纷纷倒戈投降，引导周军攻入商朝首都。

牧野战败之后，纣王逃回朝歌，感到已回天无力，就命人将宫里的珍宝都搬到鹿台，然后放起火来，自焚而亡。延续了六百多年的殷商王朝终于灭亡。周武王得到了各个部落和各个小国家的拥护，于公元前 1046 年建立了周朝，定都镐京（在今陕西西安西南），历史上称为西周。

烽火之戏

从文王开始，周王朝一共存在了八百年，周武王讨伐纣王登上王位后建立西周。周幽王是西周的第十二个国王，公元前 782 年到公元前 771 年在位。他登基后，立申伯的女儿为王后，又立大儿子宜臼为太子，申伯为申侯。

周幽王统治后期，国家政治腐败，老百姓对国家充满了强烈的不满和怨恨。周幽王不考虑怎样去挽救国家的危机，反而对国家大事一点都不关心，有才能的人被排挤，小人受到重用，周幽王自己也贪图享受，荒淫无度。他到处寻找美女，大夫越叔带劝他要关心朝政，周幽王很生气，罢免了越叔带的官职，把他赶了出去，这引起了大臣褒响的不满。褒响来劝说周幽王，也被周幽王一怒之下关进了监狱。褒响在监狱里被关了三年，他的儿子为了救他，把一个叫褒姒的美女献给了周幽王，周幽王很高兴，于是释放了褒响。周幽王一看见褒姒，就喜欢得不得了。褒姒虽然长得很美，却一直是冷冰冰地对待周幽王。自从她进宫以来，就一直皱着眉头，连笑都没有笑过一回。为了讨好她，周幽王想了很多办法，但褒姒总是不笑。为了赢得美人一笑，幽王竟然出重金寻找方法，有个叫虢石父的奸臣献了一个好办法。

虢石父对周幽王说："从前为了防备西戎国来侵犯我们的京城，我国在翻山一带建造了二十多座烽火台。万一有敌人打进来，就白天点烟，晚上点火，一连串地放起烽火来，使得邻近的诸侯们都能看见，这样大家就可以带兵前来营救。现在天下太平了，烽火台也早就没用了。不如大王把烽火点着了，让诸侯们上个大当。娘娘见了这些兵马一会儿跑过来，一会儿跑过去，肯定会笑的。大王您看我这个办法行不行?”

周幽王采纳了虢石父的建议，马上带着褒姒，由虢石父陪同登上了骊山的烽火台，同时命令驻守的士兵们点燃了烽火。一时间，狼烟四起，烽火冲天，邻近的诸侯们看见了烽火，都以为是犬戎兵打过来了，果然带领自己的兵马飞速赶来救援。可是各路诸侯人马到了骊山脚下一看，连一个犬戎兵的影子也没有，也不像打仗的样子，只听到山上一阵阵奏乐和唱歌的声音，一看周幽王和褒姒正高坐在烽火台上欢笑着饮酒。周幽王派人告诉诸侯们说："大家辛苦了，这儿没什么事，不过是我为了取悦娘娘，正在放烽火找乐子呢!”诸侯们这才知道上了周幽王的当，十分愤怒，各自带兵回去了。褒姒看到千军万马一会儿就跑了过来，转眼之间又全部走光了，觉得十分好玩，禁不住笑了起来。周幽王很高兴，给出点子的虢石父赏赐了一千两黄金。

周幽王为了进一步讨取褒姒的欢心，不顾祖宗立下的规矩，废除了王后申氏和太子宜臼，同时封褒姒为王后，封褒姒生的儿子伯服为太子。王后的父亲申侯不服气，周幽王又下令废去了他的爵位，还准备出兵攻打他。申侯得到这个消息，抢先行动，他联合了犬戎，在公元前 771 年派兵攻打镐京。

周幽王听到犬戎进攻的消息，十分慌张，急忙命令守城的士兵点燃烽火。烽火虽然烧起来了，可是诸侯们因为上次受了愚弄，以为这回又是在开玩笑，都不再理会。京城里的兵马本来就不多，根本抵挡不住犬戎兵的攻击。犬戎兵长驱直入，把王宫层层包围住。周幽王和伯服在骊宫后门被杀死，褒姒也被抓走。西周灭亡了。

诸侯和大臣们共同拥戴被废的太子宜臼为天子，这就是周平王。周平王将都城迁到了洛阳。历史上将迁都前的周朝称为“西周”，迁都后的周朝称为“东周”。

赵氏孤儿

春秋时代，晋国的大臣赵盾辅佐晋襄公，使国家越来越富强。襄公死后，他的儿子晋灵公继位，他荒淫无道，残害人民。赵盾多次劝谏，灵公不但不听，反而怀恨在心，赵盾实在没办法只好逃离晋国。后来赵盾的兄弟赵穿发动政变，杀死了灵公，拥立襄公的弟弟即位，即晋成公。这时赵盾又被晋成公请回国，主持朝政。赵盾的儿子赵朔娶了晋成公的姐姐为妻。成公死后，儿子景公继位。

大夫屠岸贾原来是晋灵公的宠臣，他帮助晋灵公干尽了坏事，对赵氏一族早就恨之入骨。他对景公说："灵公的死，罪魁祸首是赵盾，做臣子的杀死君主，按照法律应该满门抄斩，诛灭九族。"这时候赵盾已经死了，在大将军屠岸贾的怂恿下，景公下令抄斩赵氏满门。一夜之间，赵盾全家上下共计三百多口人都被杀死了。赵盾之子赵朔的夫人庄姬公主因为是国君的胞妹，被送回王宫，此时她已怀孕。几个月以后，庄姬公主生下一个男婴，取名赵武。但这一切都逃不过屠岸贾的眼睛，他立刻到宫中搜查，想斩草除根。公主把婴儿藏在裤子里，屠岸贾没有搜到。庄姬公主以看病为名，把赵家的挚友程婴召进内宫，含泪请求程婴把赵武救出宫门。程婴把赵武放进药箱准备带出宫门。守城将领见程婴一腔正义，十分钦佩，放走程婴和赵武，自己拔剑自杀。屠岸贾追查不到赵氏孤儿的下落，气急败坏，宣布要把全国半岁以内的婴儿全部杀光。

在这危难时刻，程婴和大夫公孙杵臼商量：程婴献出自己的亲生儿子代替赵武，公孙杵臼顶着收留赵氏孤儿的罪名，然后由程婴亲自去向屠岸贾告发。程婴依计去向屠岸贾“告密”，说赵氏孤儿在公孙杵臼那里。

屠岸贾听信了程婴的举报，领兵抓到躲在山中的公孙杵臼和程婴的儿子。公孙杵臼假装大骂程婴，并乞求说：“杀我可以，孩子是无辜的，请留下他一条活命吧！”屠岸贾当然不答应，程婴眼睁睁地看着亲生儿子和好友公孙杵臼死在乱刀之下。晋国上下目睹了这场血腥屠杀，敢怒而不敢言，人们在背后无不切齿痛骂程婴的卖友求荣。程婴面对这一切，只有强忍悲愤，默默承受。此后，程婴承担着“忘恩负义、出卖朋友、残害忠良”的罪名，带着赵武逃到了山高谷深、僻静荒芜的盂山隐居起来。十几年中，程婴苦心教育，把赵武培养成了一个文武双全的青年。

十五年后，景公得了重病，让占卜的算了一卦，占卜的人说生病的原因是错杀了功臣。大臣韩厥一向和赵氏关系亲密，知道赵氏孤儿还在世，便趁机向景公说：“赵氏世代有功，被错杀灭族，老百姓都为之不平，应当恢复名誉，给予重用。”景公问道：“赵氏还有后代子孙吗？”韩厥就把实情完全告诉了景公。于是景公派人把赵武和程婴接进宫来，让赵武继承了赵氏原来的俸禄和封地。赵武在韩厥、大将军魏绛的大力相助下，里应外合，杀死了权臣屠岸贾。赵氏的冤情、程婴的忠义、公孙杵臼的忠烈都大白于天下。

后来，程婴忍受不了丧子、丧君、丧友的痛苦，就拜别了各位大夫，然后对赵武说：“当初的事变，人人都能死难。

我并非不能去死，我是想扶立赵氏的后代。如今你已经继承祖业，长大成人，恢复了原来的爵位，我要到地下去报告给公孙杵臼。”赵武哭着叩头，坚持请求说：“我宁愿使自己筋骨受苦也要报答您一直到死，难道您忍心离开我去死吗？”程婴说：“不行。公孙杵臼认为我能完成大事，所以在我之前死去；如今我不去复命，他就会以为我的任务没有完成。”于是就自杀了。赵武感激程婴的义举，为他服孝三年，给他安排了祭祀用的土地，每年春秋季节都祭拜他。

此后，赵武主持晋国国政，使晋国基本保持了霸主地位。再后来赵武的曾孙赵襄子和韩氏、魏氏三家分晋，建立了赵国。赵氏孤儿的故事，两千多年来在我国广为流传，经久不衰。元朝时被搬上了舞台，直到现在，京剧和其他地方剧种还在上演《赵氏孤儿》。

管仲治齐

管仲是春秋时齐国著名的政治家，他的名字叫夷吾，“仲”是他的字。

管仲年轻的时候，与鲍叔牙是好朋友，鲍叔牙知道他很有才能。管仲家里很贫穷，又要奉养年老的母亲，鲍叔牙知道了，就找管仲一起投资做生意。因为管仲没有钱，所以本钱几乎都是鲍叔牙一个人拿出来的。可是，当生意赚了钱以后，管仲却拿得比鲍叔牙还多，鲍叔牙的仆人看了就说：“这个管仲真是不够朋友，本钱拿得比我们主人少，分钱的时候却拿得比我们主人还多！”鲍叔牙训斥仆人说：“怎么可以这么说呢？管仲家里穷，又要奉养母亲，多拿一点又有什么关系？”有一次，管仲和鲍叔牙一起去打仗。每次进攻的时候，管仲都躲在最后面，大家就骂管仲说：“管仲这家伙是一个贪生怕死的人！”鲍叔牙马上替管仲说话：“你们误会管仲了，他不是怕死，他得留着他的命去照顾老母亲呀！”

齐襄公当政的时候，齐国发生了内乱。当时鲍叔牙辅佐公子小白，他随公子小白逃到了莒国，而管仲则随公子纠逃到了鲁国。齐襄公被杀后，纠和小白争夺君位，小白取得了胜利，当上了齐国的国君，他就是齐桓公。因为管仲曾经帮助公子纠反对自己，齐桓公就把管仲抓起来投进了大狱。鲍叔牙知道管仲的贤能，就极力向齐桓公推荐管仲，齐桓公相信了鲍叔牙的话，就任命管仲为相。鲍叔牙自愿在管仲手下当官，天下的人不称赞管仲有才能，而称赞鲍叔牙能认识提拔人才。

管仲很感激鲍叔牙，他说："我当初贫穷时，曾和鲍叔牙一起做生意，分钱财时自己多拿，鲍叔牙不认为我贪财，他知道我贫穷啊！我曾经替鲍叔牙办事，结果使他的处境更艰难了，鲍叔牙不认为我愚蠢，他知道时运有好和不好的时候。我曾经三次做官，三次被国君辞退，鲍叔牙不认为我没有才能，他知道我没有遇到时机。我曾经三次作战，三次逃跑，鲍叔牙不认为我胆怯，他知道我家里有老母亲。公子纠失败了，召忽以死报答公子纠，我却被关押起来，鲍叔牙不认为我不懂得羞耻，他知道我不以小节为羞，而以不能扬名于天下为耻。生我的是父母，了解我的是鲍叔牙啊！"

管仲辅佐齐桓公，进行了内政、经济、军事等多方面改革。他在齐国充分利用自然条件，发展生产，壮大经济，增强国力。

因为齐国地方小，又处在东海边上，经济很不发达。管仲就大力发展工商业，繁荣国家的商业贸易。为了使人们安居乐业，管仲改革赋税制度，按照土地的好坏分等级征税；为了增强国家的军事实力，管仲把全国人民组织起来，建立军事管理、政治统治合二为一的体制；为了选拔优秀人才，管仲推出"人才选拔法"，使国内好学的人、有孝道的人、聪明的人、勇敢的人都能够成为有用的人才。

在管仲的辅佐下，齐国有了雄厚的物质基础和军事实力。

春秋五霸

公元前 770 年，周幽王烽火戏诸侯亡国后，周平王即位，东周建立。这一时期，各地诸侯的势力越来越大，周王室逐渐衰弱了。为了夺取更多的土地、财产和人口，争当能控制天下、支配别国的霸主，几个大的诸侯之间，展开了长期的争霸战争。势力强大的诸侯迫使各国承认他们的地位，成为“霸主”。

春秋五霸是指齐桓公、宋襄公、晋文公、秦穆公和楚庄王。另一种说法是齐桓公、晋文公、楚庄王、吴王阖闾、越王勾践。

齐桓公是春秋时期齐国的国君，他是公元前 685 年即位的。他多次召集诸侯，成立联盟，号令天下，最先成为霸主。他任用管仲为宰相，实施了一系列重要的改革措施，整顿齐国的政治，发展齐国的经济，极大地促进了齐国国力的发展。齐桓公遵循“尊王攘夷”的谋略，打着周天子的旗号，带头抗击北方狄人和戎人等少数民族部落对中原地区各国的侵扰。齐桓公率兵击退戎族、狄族的进攻，又率齐、鲁、宋等八国的军队打败蔡国，征讨楚国，阻止了楚军向中原地区北进，并且安定了东周王室的内乱，从此，他的威信大大增加了。

公元前 679 年，齐、鲁、宋、卫、陈、郑在卫国的鄄城（今山东鄄城北）会盟，齐桓公主持，齐国成为诸侯的盟主国，这是他称霸的开始。

公元前651年，齐桓公与宋、鲁、卫、郑、许、曹等国的国君在葵丘（今河南兰考县）相会。周天子也派代表来参加，还送来了贺礼。“葵丘会盟”标志着齐桓公霸主地位的正式确立。

接着称霸的是晋文公。公元前633年，楚成王率领楚、郑、陈等国军队围攻宋国都城商丘（今河南商丘县南）。宋国派人到晋国求救，晋文公采纳了部下的正确意见，争取了齐国和秦国参战，壮大了自己的力量。后来，晋文公又着力改善了晋同曹、卫的关系，孤立了楚国。这时，楚国令尹（官名，相当于宰相）子玉大怒，率领军队进攻晋军。

晋文公为了避开楚军的锋芒，以便选择战机，命令部队向后撤退九十里。古代军队行军三十里叫做一舍，九十里就是三舍。晋军“退避三舍”后，撤到卫国的城濮。城濮距离晋国比较近，军队的补给供应很方便，又便于联合齐、秦、宋等盟国军队，集中兵力。公元前632年4月，晋楚两军开始决战。晋军诱敌深入，楚军陷入重围，全部被歼。城濮之战创造了军事上先退让一步，后发制人的著名战例。此后，晋文公请来周襄王，在践土（今河南广武）和诸侯会盟。周天子册封晋文公为“侯伯”（诸侯之长），并赏赐他黑红两色弓箭，表示允许他有权自由征伐。自此，晋文公成了中原霸主。

宋襄公，春秋时期宋国的国君（前650年—前637年在位）。宋国原本是周初商代贵族微子启的封国，领地为现今豫东及苏、鲁、皖接壤地区，都城为商丘（今河南商丘）。到宋襄公时期，国家的力量渐渐强大起来，他称霸中原的欲望也越来越强烈了。

公元前645年和643年，成就了齐国霸业的管仲、齐桓公相继病死。桓公死后，齐国国力也因为内乱而渐渐衰弱，彻底丧失了霸主地位。公元前642年，野心勃勃的宋襄公趁机联合曹、卫等国出兵讨伐齐国，并扶持逃到宋国避难的公子昭当上了齐国国君（即齐孝公）。宋襄公这个行动受到了各诸侯国的称赞，宋国的地位也得到了提高。而一心想继承齐桓公地位的宋襄公自认为帮助齐国有功劳，野心越来越大，妄图称霸中原。公元前639年，宋、齐、楚三国国君相聚在齐国的鹿地。宋襄公一开始就以盟主的身份自居，认为自己是这次会议的发起人，同时又认为自己的爵位也比楚、齐国君高，盟主非己莫属。但是楚成王命令楚兵把宋襄王扣押起来，然后指挥拥有五百辆战车的大军浩浩荡荡杀奔宋国。宋襄公被楚国抓走了，但楚军遭到了目夷所领导的宋国军民的顽强抵抗，楚军围困宋都，几个月也不能攻下宋都。后来经鲁僖公的调解，宋襄公才被楚国释放。宋襄公讲信用，能够以诚待人，但是他急功近利，虽然位列春秋五霸之一，不过有名无实，不能算真正的霸主。

在齐国称霸时，楚国因为受到齐国的抑制停止了向中原北进的步伐，转而向东吞并了一些小国，国力逐渐强盛起来。楚国又向北扩张，和晋国争夺霸主地位。从楚庄王三年（公元前611年）开始，楚国先后攻打庸、宋、舒、陈、郑等国，都取得了胜利。

庄王十七年（公元前597年）夏天，楚庄王率领军队在邲（今河南郑州）和晋军展开大战，打败了晋军。从此楚国强盛一时，中原各国都背弃晋国归附楚国。庄王二十年（公元前594年）冬天，楚、鲁、秦、宋、陈、卫、郑、齐等14国在蜀地（今山东泰安西）会盟，正式推举楚国为盟主国，楚庄王于是成为称雄中原的霸主。

秦穆公是春秋时秦国的国君，公元前659年到公元前621年在位。晋国称霸的时候，西部的秦国也渐渐强大起来。在秦穆公当政的三十多年里，他非常重视人才，任用了贤能的百里奚、蹇叔等官员，大力发展国内生产，加强军队建设，并帮助晋文公回到晋国夺取王位。秦穆公企图向东争霸中原，但由于向东的通路被晋国阻隔，便向西寻求发展。秦穆公三十七年（公元前623年），秦军出兵讨伐西戎，以迅雷不及掩耳之势，包围了绵诸，活捉了绵诸王。秦穆公乘胜前进，二十多个戎、狄小国先后归附了秦国。秦国不断地开辟疆域，国界向南到达秦岭，向西到甘肃临洮，北面到宁夏盐池，东面到了黄河。周襄王也派了使臣送给秦穆公金鼓，向他表示祝贺。

后来，南方的吴国、越国国力也相继强大，在东南地区争夺霸主地位。

吴国在晋国的支持下，国力一天天强盛了。吴国夺取了楚国在淮水边的军事要地州来（今安徽凤台），占据了有利地势。公元前494年，吴王夫差进攻越国，把越王勾践围困在会稽（今浙江绍兴），逼迫越国向自己投降，接着又打败了齐国的军队。公元前482年，吴国在黄池（今河南封丘附近）和诸侯会盟，争得了霸主地位。

当吴、楚交战的时候，楚国采取联合越国抵制吴国的政策。越国不断攻击吴国后方。越王勾践重用善于运用谋略的范蠡、文种为大臣，成为与吴争霸的强大对手。吴、越刚开始争霸的时候，越国国力还很弱小，双方在檇李（今浙江嘉兴、桐乡间）地区大战，越军侥幸取胜。接着，吴越在夫椒（今太湖中西洞庭山，一说今浙江绍兴北）大战，越国遭到惨败。越王勾践自被吴国打败后，假装投降吴国，暗中积蓄力量，并鼓动吴王夫差向北和齐、晋争霸，以削弱吴国的力量。后来，越国乘机多次攻打吴国，经姑苏、笠泽、围吴三次大战，终于灭亡了吴国，在江淮一带称霸。勾践乘势北进，和齐、晋等诸侯在徐地（今山东滕县）会盟，成为霸主。

这时，已到了春秋时代的尾声，步入了战国时代。

重耳为君

晋文公是春秋时期晋国的国君，姓姬，名重耳，晋献公的儿子，公元前636年到公元前628年在位。他和齐桓公齐名，为春秋五霸之一。

晋献公有五个儿子，申生是太子，是晋献公所娶大戎族女子狐姬生的儿子。重耳、夷吾为狄人所生，奚齐、卓子分别是妃子骊姬和她陪嫁的妹妹所生。献公晚年宠爱骊姬，骊姬为了让奚齐继承君位，害死了太子申生，重耳、夷吾也被迫出逃。

晋献公死后，晋国发生了内乱。后来夷吾回国夺取了君位，也想除掉重耳，重耳被迫再次流亡。重耳在流亡途中经过齐、曹、宋、郑、楚、秦等国，受到了齐桓公、宋襄公、楚成王、秦穆公的友好接待。重耳在晋国算是一个有声望的公子，因此流亡时一批有才能的大臣，如谋臣赵衰等人都愿意跟着他。

有一次，楚成王在宴请重耳的时候，开玩笑地说："公子要是回到晋国成为国君，将来怎样报答我呢？"

重耳说："贵国有的是金银财宝，叫我拿什么东西来报答大王的恩德呢？"

楚成王笑着说："这么说，难道你就不打算报答我了吗？"

重耳说："要是托大王的福，我能够回到晋国成为国君，我愿意跟贵国交好，让两国的百姓过上太平的日子。万一两国发生战争，在两军相遇的时候，我一定退避三舍。"（古时侯行军，每三十里叫做一“舍”。“退避三舍”就是自动撤退九十里的意思。）

楚成王听了并不在意，却惹恼了旁边的楚国大将成得臣。等宴会结束，重耳离开后，成得臣对楚成王说：“重耳说话没有分寸，将来准是个忘恩负义的家伙。还不如趁早杀了他，免得以后吃他的亏。”

楚成王不同意成得臣的意见，正好秦穆公派人来接重耳，就把重耳送到秦国去了。

原来秦穆公曾经帮助重耳的异母兄弟夷吾当了晋国国君。没想到夷吾做了晋国国君以后，反倒跟秦国作对，还发生了战争。夷吾一死，他的儿子又同秦国不和。秦穆公才决定帮助重耳回国。

公元前 636 年，秦国的大军护送重耳渡过黄河，回国即位。重耳 43 岁出逃，62 岁回国，流亡在外 19 年，历经磨难，终于当上了国君，即晋文公。

晋文公是一个雄心勃勃的人，为了实现他称霸天下的愿望，他采取了一系列措施。他安定民心，选拔贤能的大臣，奖励有功的将领，鼓励农民发展农业生产。他减轻赋税，减轻刑罚，救济贫苦的老百姓，在灾荒的时候打开粮仓，免费发放粮食，这些措施使他受到了百姓的拥戴。人民能安居乐业，晋国国家安定，从而一天天强大起来。

晋国国内安定以后，晋文公便开始了一系列的对外战争和外交活动。

他即位的第二年，周王室发生内乱，周襄王的异母弟弟王子带联络戎狄人，想杀掉周襄王自立为王，周襄王逃到郑国避难。晋文公知道这是一个立功的好机会，他发兵杀了王子带，护送周襄王回到京城。周襄王大摆酒席慰劳他，还赐给晋国四座城池，晋文公的地位不断提高。

当时，有力量与晋国争霸的是长江流域的楚国。晋文公想成就霸业，必须向南扩展疆土，打败楚国。公元前632年，楚成王率楚、郑、陈、蔡、许等国军队围攻宋国，宋国向晋国求救。晋、楚在城濮展开决战，晋文公兑现以前的承诺，对楚军退避三舍，最终晋国仍然大获全胜。城濮之战奠定了晋国称霸中原的基础。

晋文公打败楚国后，在践土给周襄王修建了行宫，还把陈、蔡和楚国的俘虏献给周天子。晋还和齐、鲁、宋、卫等七国国君及周王室大臣王子虎订立盟约，正式称晋文公为盟主。晋文公不久又在温地召集诸侯，周襄王也被邀请赴盟。周襄王赐给晋文公象征霸主权威的礼器，及黄河以南的大量土地，任命晋文公为诸侯之长，命令他安抚四方，监督和惩治危害周天子的人，从此晋文公成为诸侯霸主。

公元前628年，晋文公因病去世，他一共在位九年，终年70岁。作为杰出的政治家，晋文公虽然在位时间不长，但对中国春秋时期的历史发展却产生了巨大影响。

寒食清明

春秋时代的晋国，晋献公的几个儿子为争夺王位展开了激烈的争斗。晋献公的第二个儿子重耳为了避免自相残杀，流亡国外十九年。原来跟着他一起流亡的大臣，大多陆陆续续地各谋出路去了。只剩下少数几个忠心耿耿的人，一直追随着他。其中有一人叫介子推。介子推敬佩重耳的人品，舍命相随，历经艰难险阻。重耳最终能返回晋国，成为国君，介子推立了大功。

在逃亡途中，重耳手下一个叫头须的人偷光了他的粮食和金钱，逃进了深山。重耳没有粮食，在卫地向农民讨饭，不但没有讨到任何东西，反而被当地的百姓扔土块嘲笑。重耳饥肠辘辘，饿晕了过去。介子推为了救重耳，从自己腿上割下了一块肉，用火烤熟了送给重耳吃。重耳知道后，非常感动，表示以后一定要重重报答介子推，这就是割股奉君的故事。君臣二人还经常讨论救国、治国的方法，关系很融洽。重耳曾经对介子推说，如果自己将来能做国君，一定要报答介子推的恩情。后来，重耳在秦国的帮助下终于打回晋国，当上了晋国国君，成了晋文公。

晋文公复国之后，对那些和他同甘共苦的大臣们大加封赏，唯独忘了介子推。有人说晋文公忘恩负义，不用贤臣，晋文公猛然想起以前的事，心中感到很愧疚，赶紧叫人去请介子推。可是，他让手下人去了几趟，介子推就是不肯来，晋文公只好亲自去请。可是，当晋文公来到介子推家时，只见大门紧闭，一问才知道介子推已经带着母亲去绵山隐居了。晋文公带领大臣们来到了绵山（今山西介休县东南），让军队上绵山搜查，最终都没有找到。于是，有人出了个主意说，介子推是个大孝子，如果大王您派人放火烧绵山，介子推怕伤了老母，一定会出来见您。没了主意的晋文公见介子推心切，竟糊里糊涂地采纳了这个主意，于是下令放火烧山，谁知火烧起来之后无法控制，一直烧了三天三夜。大火熄灭后，终究不见介子推出来。晋文公上山一看，介子推已经和母亲被烧死在山顶一棵大柳树下。晋文公望着介子推的尸体放声痛哭，他命人安葬介子推遗体的时候，发现介子推的脊梁堵着一个柳树树洞，洞里好像有什么东西。掏出来一看，原来是一片衣襟，上面题了一首血诗：

割肉奉君尽忠心，但愿主公常清明。
柳下升天终不见，强似伴君作闲臣。
倘若主公心念我，忆我之时常自省。
臣在九泉心无愧，勤政清明复清明。

晋文公将血书藏入袖中，然后把介子推和他的母亲葬在山岭上。为了纪念介子推，晋文公下令把绵山改为“介山”，在山上建立祠堂，并把放火烧山的这一天定为寒食节。同时下令，在介子推的忌日，即冬至后105天全国禁止动烟火，只许吃冷食，以此纪念介子推。这就是寒食节的由来。

晋文公临走的时候，砍下了一段烧焦的柳木，拿回宫中做了双木屐，每天望着它叹道：“可怜啊！我足下的木屐。”

“足下”是古代下级对上级或同辈之间相互尊敬的称呼，据说就是来源于此。

第二年寒食节，晋文公到绵山介子推遇难的大柳树下来祭拜，他发现被烧死的大柳树上已长出了新的柳枝。他回想起介子推生前希望他复国之后施行清明政治的主张，感慨万千，下令封这棵柳树为“清明柳”，把这一天定为“清明节”。随着晋国影响力的增大，寒食节、清明节的习俗开始流行到大江南北。

一鸣惊人

“一鸣惊人”讲的是楚庄王的故事。楚庄王是春秋时楚国最有作为的国君，中原五霸之一。

楚庄王在公元前 613 年登基。在位三年，庄王不发号令，整日在郊外游玩打猎，过着花天酒地的生活。他不愿意别人来提意见，于是下令：“有胆敢劝谏的，死路一条！”大夫伍举实在看不下去，决定冒死进言。进宫后，发现庄王左边抱着一个妃子，右边抱着一个宫女，手中端着酒杯，口中嚼着鹿肉，醉醺醺地在观赏歌舞。庄王眯着眼睛问道：“大夫来此，是想喝酒呢，还是要看歌舞?”伍举说：“有人让我猜一个谜语，我怎么也猜不出，特此来向您请教。”楚庄王一面喝酒，一边问：“什么谜语，这么难猜？你说说。”伍举说：“楚国高地有一种大鸟，栖息在地上三年，不飞不鸣，不知是什么鸟?”当时庄王即位已经第三年，庄王知道伍举在以大鸟为比喻来劝谏自己，笑着说：“我猜着了。它可不是只普通的鸟，这只鸟啊，三年不飞，一飞冲天；三年不鸣，一鸣惊人。你等着瞧吧。”

但几个月之后，庄王照旧游玩打猎，欣赏歌舞。大夫苏从忍受不住了，踏进宫门，便大哭起来。楚庄王说：“先生，你为什么这么伤心啊?”苏从回答道：“我为自己就要死了而伤心，还为楚国即将灭亡而伤心。”楚庄王很吃惊，便问：“你怎么能死呢？楚国又怎么能灭亡呢?”苏从说：“我想劝告您，您听不进去，肯定要杀死我。您整天观赏歌舞，游玩打猎，不管朝政，楚国的灭亡不是就在眼前了吗？”楚庄王听完大怒，斥责苏从：“你是想死吗？我早已说过，谁来劝谏，我便杀死谁。如今你明知故犯，真是愚蠢到极点！”苏从十分悲痛地说：“我是愚蠢，可您比我还愚蠢。如果您将我杀了，我死后将得到忠臣的美名；您如果再这样下去，楚国早晚是要灭亡的，您就当了亡国之君。您不是比我还傻吗？我的话说完了，您要杀便杀吧。”楚庄王忽然站起来，动情地说：“大夫的话都是忠言，我必定照你说的办。”庄王听从劝告，先后任用伍举、苏从、孙叔敖等非常有才能的文臣武将，诛杀奸臣小人，整顿朝廷内政。一段时间后，百姓安居乐业，兵力日益强盛，楚国出现了一派国富兵强的景象，为庄王取得霸业奠定了基础。

后来，庄王镇压了楚国贵族若敖氏的叛乱，接着灭掉附属国数十个，并问鼎中原，拓展疆土。在孙叔敖的辅助下，于“邲之战”中一举击败当时除楚国以外最强的诸侯国晋国，在黄河边上修建国家神庙，三年未鸣的楚庄王终于一鸣惊人。

庄王二十年冬，楚、鲁、蔡、许、秦、宋、陈、卫、郑、齐、曹、邾、薛和鄫十四国在山东泰安开会结盟，正式推举楚庄王担任盟主，于是楚庄王继齐桓公、晋文公、秦穆公之后，也成为称雄中原的霸主。他前后统治楚国二十三年，使楚国强盛一时。

在春秋“五霸”当中，楚国的地域最大、人口最多、物产最丰、文化最盛。楚庄王称霸中原，不仅使楚国强大，威名远扬，也为华夏的统一、民族精神的形成发挥了巨大的作用。

公元前 591 年，楚庄王因病逝世，葬在八岭山上。现在江陵城西北有楚王墓、樊妃墓。

优孟衣冠

优孟原是楚国的老歌舞艺人。他身高八尺，富有辩才，时常用说笑的方式劝诫楚王。

楚庄王喜欢养马，他有一匹最喜爱的马。那马住在豪华的房子里，身上披着美丽的锦缎，晚上睡在非常考究的床上，吃的是富有营养的枣肉。由于这马生活在有人伺候、条件优裕的环境中，又不出去运动，因此得肥胖病死去了。这一下庄王可真伤心极了，他要为这匹马举行隆重的葬礼。他选用最高级的棺木，用安葬大夫的标准来葬马，还命令全体大臣向死马表示哀悼。大臣们实在难以接受楚庄王这些过分的决定，他们纷纷劝阻庄王不要这么做，可是楚庄王完全听不进去。

优孟是个很有智慧的人，听说这件事后，他直接闯进宫去，见到楚庄王便大哭起来。楚庄王吃惊地问：“你为什么哭得这么伤心呀？”优孟回答说：“大王心爱的马死了，实在让人伤心，要知道那可是大王所钟爱的马呀，怎么能只用大夫的葬礼来办理马的丧事呢？这实在太轻视它的地位了，应该用国君的葬礼才对啊。”

楚庄王问道：“那你认为应该如何安排呢?”

优孟回答说：“应该用美玉做马的棺材，再调动大批军队，发动全城百姓，为马建造高贵华丽的坟墓。到安葬的那天，要让齐国、赵国的使臣在前面开路，让韩国、魏国的使臣护送它的棺木。然后，还要追封死去的马为万户侯，为它建造祠庙，让马的灵魂长年地接受封地百姓的供奉。这样，天下人才会知道原来大王是真正爱马胜过一切的。”

楚庄王顿时明白过来，非常惭愧地说：“我这样做实在太荒唐了啊！那应该怎么办呢?”

优孟说：“请大王允许按照埋葬畜生的办法来埋葬它吧。在地上搭个土灶，用大铜锅当棺材，用生姜、红枣来调味，用香料来解除腥味，用稻米作祭品，用柴火作衣服，把它安葬在人的肚肠中。”楚庄王同意了他的建议，于是就派人将死马交给主管饮食的官员，让他们把马煮了给大家吃。

楚国宰相孙叔敖知道优孟是位贤人，一直和他交往，两人关系很好。孙叔敖患了重病，临终前，叮嘱他的儿子说：“我死后，你一定会很贫困。实在无法生活了，你就去拜见优孟，就说‘我是孙叔敖的儿子’。”

过了几年，孙叔敖的儿子果然生活贫困，靠打柴卖柴为生。一次在路上遇到优孟，就对优孟说：“我是孙叔敖的儿子。父亲临终前，嘱咐我困难时就来找您。”优孟说：“你回家吧，什么地方也不要去。”

优孟回到家里，就立即缝制了孙叔敖的衣服、帽子穿戴起来，模仿孙叔敖的言谈举止，音容笑貌。过了一年多，模仿得很像孙叔敖了，连楚庄王和左右近臣都分辨不出来。有一次，楚庄王设宴，优孟就装扮成孙叔敖的模样上前为庄王敬酒祝福。庄王大吃一惊，以为孙叔敖又复活了，想要让他做宰相。优孟说："请大王允许我回去和妻子商量此事，三天后再来就任宰相。"庄王答应了他。

三天后，优孟又来拜见庄王。庄王问："你妻子怎么说的?"优孟说："我的妻子说千万别做楚国的宰相，不值得做。像孙叔敖那样地做宰相，忠正廉洁地治理楚国，帮助楚王成就了霸业。可是他死后，他的儿子竟然贫困到每天靠打柴维持生活。如果要像孙叔敖那样做宰相，还不如自杀。"接着他又唱道："住在山野耕田辛苦，难以获得食物。出外做官，自身贪污卑鄙的，积蓄了财富，却没有廉耻之心。虽然自己死后家中富足，但又害怕自己做了违法犯罪的事，不仅自己被杀，还连累家庭也遭诛灭。贪官哪能做呢？想要做个清官，遵纪守法，忠于职守，到死都不做非法的事情。唉，清官又哪能做呢？像宰相孙叔敖，一生坚持廉洁的操守，现在妻儿老小却贫困到靠打柴为生。清官实在不值得做啊！"

在优孟的嘲讽下，庄王很内疚，他当即召见孙叔敖的儿子，把寝丘的四百户土地封给他，用来祭祀孙叔敖。从此，孙叔敖的儿子拥有了封地，传了十代都没有断绝。

申胥复仇

伍子胥（前 526 年—前 484 年），春秋时期楚国人。后来吴国把申地封给他，因此又称呼他为申胥。

伍子胥的祖父叫伍举。伍举侍奉楚庄王的时候，性格刚直，对庄王能直言进谏，因此很受大家的赏识。在祖父伍举的威望下，伍氏家族的后代在楚国也很有名气。

伍子胥从小受到了良好的教育，能文能武，有勇有谋。周景王二十三年（公元前 522 年），因为遭到楚国太子的老师费无忌的陷害，伍子胥的父亲和哥哥都被楚平王杀害了，伍子胥被迫逃到吴国，他发誓将来有机会一定要搞垮楚国，报仇雪恨。在去吴国的路上，伍子胥贫病交加，只能讨饭吃。

伍子胥逃到吴国后，了解到吴公子姬光想推翻吴王僚自立为王。伍子胥为了利用吴国和姬光的力量攻打楚国，就帮助公子姬光刺杀了吴王僚。姬光自立为王，这就是吴王阖闾。阖闾登位后，任命伍子胥为“行人”，加以重用，协助自己管理国家大事。伍子胥成为吴国的重要谋臣。

伍子胥具有雄才大略，深得吴王阖闾的信任。为使吴国对内可以驻防守卫，对外可以抵抗强敌，他首先建议吴王阖闾建造城郭，并亲自选择吴国都城城址。他了解当地的土质和水情，察看天象和风水，最后选定在现在苏州古城的地址上，合理规划，建造了阖闾大城。阖闾大城建于公元前 514 年，面积 14.2 平方公里，在当时的长江流域是数一数二的大城市，迄今已有2500多年的历史了。

在伍子胥和孙武的协助下，吴王阖闾又开始整顿兵马，增强军事实力。吴国先后兼并了临近的几个小国。公元前506年，吴王阖闾封孙武为大将，伍子胥为副将，亲自率领大军，向楚国进攻，连战连胜，把楚国的军队打得一败涂地，一直打到了楚国的郢都。那时，楚平王已经死去，他的儿子楚昭王继位。在吴国的进攻下，楚昭王也逃走了。伍子胥恨透了楚平王，他不仅把楚平王的坟刨开，还把平王的尸首挖出来狠狠地鞭打了一顿。

公元前496年，吴王阖闾在与越王勾践的战争中受了箭伤，死在途中。临死前嘱咐他的儿子夫差，不要忘记报杀父的大仇。夫差即位后，于公元前494年出兵攻打越国，大获全胜。越国用大量的金银珠宝向吴国求和，又进献了美女西施给夫差。同时还贿赂了掌管王家内外事务的吴国太宰伯嚭，伯嚭接受了贿赂，就在夫差面前为越国求情说："越国已经投降了，还向您纳贡称臣，这有什么不好的呢?"他又指引越国大臣文种去面见吴王，一面说好话，一面委婉地威胁，说越国万一得不到吴王的宽恕，勾践将会杀妻灭子，销毁宝器，用仅剩的五千甲兵和吴国拼个死活。如果真是这样，吴国再强，也不会有什么利益，只有损失吧！在越国的软硬兼施下，夫差不顾伍子胥的劝阻，同意了越国议和的请求，后来又放勾践回到了越国。

公元前491年和487年，夫差两次率领军队攻打齐国，伍子胥又规劝说："勾践卧薪尝胆，将有所作为。这个人不死，一定是吴国的祸患。现在吴国有越国在身边，就像得了心腹疾病。大王不先铲除越国却一心致力攻打齐国，不是很荒谬吗?”但吴王始终不听。夫差宠信西施，伍子胥认为这是越国实施的美人计，他希望夫差杀死西施，夫差很不高兴。伍子胥没完没了地劝谏，再加上太宰伯嚭不停地说他的坏话，夫差对伍子胥越来越厌恶。

眼见劝服不了夫差，伍子胥就乘着去齐国做使者的机会，将儿子送去齐国，使吴、齐两国交好，为日后联手抗越做准备，这是他保护吴国的下下之策。夫差听说伍子胥把儿子寄养到齐国，误以为伍子胥通敌卖国，于是立刻派使臣赐给伍子胥宝剑，令伍子胥自杀。伍子胥气得浑身颤抖，悲愤地说：“我死后，把我的头颅挂在东城门口，我要亲眼看看越军是怎样打进城来的，否则，我死也不瞑目!”

夫差听后大怒，下令把伍子胥的尸体装在皮口袋内抛到钱塘江中。吴国人同情他，在江边给他修建了祠堂，这个地方因此被命名为胥山。

伍子胥死后九年，吴国果然被越王勾践攻破，吴王夫差和太宰伯嚭也被杀死。

专诸刺僚

早在荆轲之前，历史上就出现过一位类似于他的传奇人物，他虽然没有荆轲有名气，却完成了一次史无前例的行动，而正是这次行动，改变了历史。他的名字就叫做专诸。

专诸，是春秋时期吴国人。他年轻的时候依靠杀猪卖肉为生，他性格粗犷豪爽，喜欢和别人争斗，但又粗中有细，知道敬畏。当时楚国大将伍子胥因为父亲和哥哥都被楚王杀害，自己逃离楚国来到吴国辅佐吴王，听说专诸很有本事，就把专诸推荐给吴国的公子光。

公子光的父亲是吴王诸樊。诸樊有三个弟弟。按兄弟顺序排列，大弟弟叫余祭，二弟弟叫夷昧，最小的弟弟叫季子札。诸樊知道季子札很贤能，就不想提前立太子，想依照兄弟的次序把王位传递下去，最后把国君的位子传给季子札。诸樊死去以后王位传给了大弟弟余祭。余祭死后，又传给了二弟弟夷昧。夷昧死后按照顺序应该把王位传给季子札，但季子札却坚决不肯接受王位。这样王位由谁继承呢？诸樊的儿子姬光认为自己是长孙，应该继承王位。但夷昧见弟弟季札不肯接受王位，就把王位传给了自己的儿子州于，即吴王僚。于是公子光怀恨在心，他秘密地供养一些有智谋有胆略的人，想依靠他们帮助自己夺得王位。

公子光得到专诸以后，像对待宾客一样地待他。他专门安排专诸去太湖边学习西湖大鲤鱼的做法，又命人研制出一种可以藏在鱼肚子中的宝剑，作为行刺王僚的“凶器”。一切准备妥当后，公子光为了打消专诸的顾虑，对他说："以后你的事就是我的事，你的家人也就是我的家人，我会照顾好一切的。"有了这样的承诺，专诸对公子光更加忠心耿耿了。

吴王僚九年，楚平王死了。伍子胥乘机怂恿吴王僚："现在楚王死了，楚国国内大乱，正是大王攻打楚国的好机会啊！"吴王僚果真出兵攻打楚国，谁知道这却是一场阴谋！吴国的精锐部队陷入了楚军的包围之中，消息传到吴国，国内一片混乱，吴王僚很着急。公子光认为机会成熟，就在地下室埋伏好身穿铠甲的武士，假借商谈国家大事的名义设宴邀请吴王僚。吴王僚虽然很有疑心，但还是决定赴宴。

吴王僚采取了严密的警卫措施，他穿着三重盔甲，卫队也从王宫一直排到了公子光的府门口。公子光的府里也戒备森严，宴会的厅堂里全是卫兵。参加宴会的只有吴王僚和公子光两个人，每一个前来上菜的服务人员或者厨师，都要经过严格的搜身检查。但吴王僚万万没想到，在这样的严密布防下，他还是难逃一死。

吴王僚和公子光一起喝酒，当酒喝到畅快的时候，公子光借口去厕所离开了饭桌。这时，专诸端着一盘大鲤鱼来了，门口的几名卫士对他进行了例行搜身后放他进入大厅。专诸跪倒在吴王僚的面前献上鲤鱼，吴王僚正准备拿起筷子美美地吃上一口，说时迟那时快，专诸拔出藏在鱼腹中的"鱼肠剑"，飞身一跳，利剑立刻刺透吴王僚身上的三重盔甲，穿心而过，可怜的吴王僚还没尝到太湖美味就当场毙命。守卫的兵士被这突如其来的行动惊呆了，过了一会儿才反应过来，卫士们一起把专诸乱刀砍死了。公子光带着他的卫队从地下室杀了出来，很快控制了局势，并一鼓作气攻下了吴王宫。

杀掉了吴王僚，公子光顺利继承了王位，他就是历史上大名鼎鼎的吴王阖闾，伍子胥也因功成为吴国的丞相。专诸死后，公子光没有违背自己的诺言，始终善待他的家人，还让他的儿子做了上卿这样的官。

卧薪尝胆

越王勾践是春秋晚期越国的国君，越王允常的儿子。公元前 496 年到前 465 年在位，长达 32 年，是春秋时代的最后一位霸主。勾践即位时，邻国吴国的国君是阖闾。由于勾践的父亲允常不愿意帮助吴国攻打楚国，又支持阖闾的弟弟夫概自立为王，因此吴越两国结下了怨仇。吴王阖闾趁着越王允常去世的时候，带领军队攻打越国。吴越两国在槜李（今浙江嘉兴西南）进行了一场恶战。在这次战争中，吴王阖闾打了个败仗，自己也被箭射中，受了重伤，等回到吴国，就去世了。越军射死了吴王，更加深了两国的仇恨。

吴王阖闾死后，他的儿子夫差做了皇帝。阖闾临死时对夫差说："你千万不要忘记报越国的仇。"夫差为了记住父亲的嘱咐，就叫人经常提醒他。他每次经过宫门时，手下的人都扯开了嗓子喊："夫差！你忘了越王杀你父亲的仇吗？"夫差流着眼泪说："不，我不敢忘记。"他命令伍子胥和另一个大臣伯嚭（音 pǐ）操练兵马，准备攻打越国。

公元前 494 年，吴王夫差亲自率领大军去打越国。越国有两个很能干的大夫，一个叫文种，一个叫范蠡（音 lí）。范蠡对勾践说："吴国练兵快三年了。这回决心报仇，来势凶猛。咱们不如守住都城，不要跟他们作战。"

勾践不同意，执意要派大军去和吴国的军队作战，想双方拼个你死我活。两国的军队在太湖一带打了起来，结果越军一败涂地，被围困在会稽山。勾践一筹莫展，他跟范蠡说："我很后悔没有听你的话，弄到现在这个地步。我应该怎么办呢?"

范蠡说："咱们赶快去向吴国求和吧。"

勾践派文种到吴王营里去求和。文种在夫差面前把勾践愿意投降的意思说了一遍。吴王夫差想同意，可是大臣伍子胥坚决反对。

文种回去后，打听到吴国的伯嚭是个贪财好色的小人，就准备了一批美女和珠宝，暗地里送给伯嚭，请伯嚭在夫差面前为越国讲好话。

经过伯嚭在夫差面前的一番劝说，吴王夫差不顾伍子胥的反对，答应了越国的求和，但是要勾践亲自到吴国来。

文种回去向勾践报告了事情的经过。勾践把国家大事托付给文种，自己带着夫人和范蠡到吴国去。

勾践到了吴国，夫差让他们夫妇俩住在阖闾坟墓旁边的一间石屋里。夫差不但让勾践喂马、洗马，还让勾践当自己的马童，每次踩着勾践的背上马。有一回夫差生病了，勾践前去探视，他竟然挑起一点夫差的大便，放在嘴里尝了尝，然后说："我曾经学过医术，只要尝一下病人的粪便，就可以知道病情。现在请大王放心，您的病不久就会好的。"夫差见勾践如此对待自己，认为他已经归顺自己，病好了后，就让勾践回国了。

勾践回到越国后，立志报仇雪耻。他怕自己被安逸的生活消磨了志气，在吃饭的地方挂了一个苦胆，每当吃饭的时候，就先尝一尝苦味，还问自己："你忘了会稽的耻辱了吗?"睡觉的时候，他还让人把草席拿掉，用柴草当褥子睡。

这就是后人传诵的“卧薪尝胆”。

勾践决定要使越国富强起来，他亲自参加耕种，叫他的夫人自己织布，以鼓励百姓发展生产。他下令让老百姓到山上采葛织黄丝细布献给吴王，表示自己的忠顺，用来麻痹对方。这一招十分有效，吴王增加了越国的封地，放松了对勾践的警惕。

因为越国遭到亡国的灾难，人口大大减少，勾践又制订了奖励生育的制度。他叫文种管理国家大事，叫范蠡训练军队，自己很虚心地听取别人的意见。

十多年过去了，越国逐渐强大起来，而吴国却一天天地走向衰败。公元前 482 年，越王勾践发动了复仇战争，越国大获全胜。考感到吴国实力犹存，勾践答应了伯嚭的求和请求。公元前 475 年，越军攻打姑苏城，围了两年以后，最终攻下了这座城，夫差自杀，越国吞并了吴国。后来，勾践继续发展自己的势力，向中原扩展，最终成了春秋时期最后一个中原霸主。

名医扁鹊

扁鹊，姓秦，名越人，人们尊称他为扁鹊，是春秋战国时期渤海郡（今河北任丘）人。

扁鹊少年时期在故乡经营了一家旅店。当时在他的旅店里，有一位长住的旅客叫长桑君，他俩交往密切。有一天，长桑君对扁鹊说：“我有一些秘方验方，现在我已年老了，想把这些医术及秘方传授于你，你千万要保守秘密，不能轻易外传啊。”扁鹊当即拜长桑君为师，得到了他的真传，从此开始行医治病。他天资聪颖，善于吸收前代以及民间的经验，逐步掌握了多种治疗方法，后来医术达到了很高的境界。

扁鹊看病行医有“六不治”原则：一是倚仗权势欺压百姓的人不治；二是贪图钱财，不顾性命的人不治；三是不注意饮食的人不治；四是有病拖着，导致病情加重的人不治；五是身体虚弱不能服药者不治；六是相信巫术不相信医学的人不治。扁鹊在总结前人医疗经验的基础上创造总结出望（看气色）、闻（听声音）、问（问病情）、切（按脉搏）的四诊法。在这四诊法中，扁鹊尤其擅长望诊和切诊。

扁鹊云游各国，为当官的看病，也为百姓看病。在邯郸听说当地尊重妇女，便做妇科医生。在洛阳，因为那里很尊重老人，他就做了专治老年病的医生。秦国人最爱儿童，他又在那里做了儿科大夫，不论在哪里，都是声名大振。晋国的大夫赵简子病了，五日五夜昏迷不醒，大家十分害怕。扁鹊看了以后说，他血脉正常，没什么可怕的，不超过三天一定会醒。后来过了两天半，赵简子果然苏醒了。

有一次，扁鹊路过虢国，见到那里的百姓都在进行祈福消灾的仪式，就问是谁病了，宫中的巫师说，太子死了已有半日了。扁鹊问了详细情况，认为太子患的只是一种突然昏倒的“尸厥”症，鼻息微弱，像死去一样，便亲去察看诊治。扁鹊采用了针灸等方法之后，太子竟然坐了起来，和常人一样。扁鹊给太子配置了药物，两天以后，太子完全恢复了健康。从此，天下人传言扁鹊能“起死回生”，但扁鹊却否认说，他并不能救活死人，只不过能把应当活的人的病治好。

还有一次，扁鹊来到了蔡国，桓公知道他声望很高，便宴请扁鹊，他见到桓公以后说：“君王有病，就在肌肤之间，不治会加重的。”桓公不相信，还很不高兴。五天后，扁鹊再去见他，说道：“大王的病已到了血脉，不治会加深的。”桓公仍不信，而且更加不高兴了。又过了五天，扁鹊见到桓公时说：“病已到肠胃，不治会更重。”桓公十分生气，他并不喜欢别人说他有病。五天又过去了，这次，扁鹊一见到桓公，就赶快避开了，桓公十分纳闷，就派人去问，扁鹊说：“病在肌肤之间时，可用烫熨的办法治愈；在血脉，可用针刺等方法达到治疗效果；在肠胃里时，借助酒的力量也能达到；可病到了骨髓，就无法治疗了，现在大王的病已在骨髓，我无能为力了。”果然，五天后，桓侯身患重病，忙派人去找扁鹊，而他已经走了。不久，桓公就去世了。

可见，扁鹊的望诊技术十分高超。在中医的诊断方法里，望诊在四诊当中居于首位，十分重要，也十分深奥，要达到一望即知的神奇能力更是非同寻常。扁鹊见桓公的例子说明他当时已经能很好地应用望诊，而且诊断水平相当高。这几个例子都是非常有名的医学故事，“起死回生”“讳疾忌医”的成语也出于此。

扁鹊的医疗经验极其丰富，曾编撰过颇有价值的《扁鹊内经》9卷和《扁鹊外经》12卷，可惜均已失传，这是祖国医学的极大损失。扁鹊无私地把自己的医术传授给门徒，他的徒弟子阳、子豹、子越等人都是有所成就的人。

由于扁鹊医术高明，又常为君主看病，受到当时秦国太医令的嫉妒，后被太医令派的刺客刺杀身亡。

扁鹊墓在济南郊区鹊山西边的山脚下。

西门治邺

西门豹，战国时期魏国人。魏文侯时期，他担任邺地（即今临漳县）的县令。

西门豹到了邺县后，就会集地方上年纪大的人，向他们询问老百姓关心的事情。这些人都说："当地的百姓最痛苦的事情就是给河伯娶媳妇。因为这个缘故，邺地的老百姓都很穷困。"西门豹问这是怎么回事，大家回答说："邺县除了有掌管教化的三老，还有协助县令管理的廷掾官员，他们每年都要向老百姓收取大量的钱财。收取的钱财多达几百万，其中的二、三十万用来给河伯娶媳妇，剩下的钱他们就和巫祝一起瓜分，拿回自己家去了。到了为河伯娶媳妇的时候，女巫挨家挨户察看，看到小户人家的漂亮女子，就说：'这个女子适合给河伯做媳妇。'然后就下聘礼给河伯娶亲。他们先给相中的女子洗澡洗头，给她穿新的丝绸衣服，让她独自居住，进行斋戒，还在女子斋戒的房子外挂起赤黄色和大红色的绸帐，每天供给她酒食。这样过了十几天，大家又一起给她梳妆打扮，然后让她坐到一张嫁女孩用的床席上，把它浮放到河中。开始床还在水面上漂浮着，漂了几十里便逐渐沉没了。那些有漂亮女子的人家，担心大巫祝替河伯娶她们去，因此大多带着自己的女儿远远地逃跑。也因为这个缘故，城里越来越空荡无人，以致更加贫困，这种情况已经由来很久了。老百姓中间都流传着这样的说法，如果不给河伯娶媳妇，就会大水泛滥，然后把老百姓都淹死。"

西门豹对他们说：“这次到给河伯娶媳妇的时候，希望三老、巫祝、父老乡亲都到河边去送新娘，到时候你们也来告诉我这件事，我也要去送送这个女子。”大家都答应了他。

到了为河伯娶媳妇的日子，西门豹到河边与长老们会合。三老、官员、有钱有势的人、地方上的父老乡亲都来了，前来看热闹的老百姓也有两三千人。

那个女巫是个老婆婆，已经七十多岁了。跟着来的女弟子有十来个人，身上穿着丝绸的单衣，站在老巫婆的后面。西门豹说：“叫河伯的媳妇过来，我看看她长得漂亮不漂亮。”人们马上扶着选出的女子出了帷帐，走到西门豹面前。西门豹看了看这个女子，回头对三老、巫祝、父老们说：“这个女子不漂亮，麻烦大巫婆为我到河里去禀报河伯，需要重新找来一个漂亮的女子，迟几天再送她去。”于是就让差役们一齐扛起大巫婆，把她扔到河中。

过了一会儿，西门豹问：“巫婆为什么去这么久还没有回来？叫她的弟子去催催她！”于是又把她的一个弟子抛到河中。又过了一会儿，西门豹继续问：“这个弟子为什么也这么久不回来？再派一个人去催催她们吧！”于是又抛了一个弟子到河中。这样前后抛了三个弟子。西门豹说：“巫婆、弟子，这些都是女人，不能把事情说得很清楚。这次请三老去替我向河伯说明情况。”然后又把三老抛到了河中。

西门豹弯着腰，恭恭敬敬地面对着河站着等了很长时间。长老、廷掾们等在旁边，十分惊慌害怕。西门豹说：“巫婆、三老都不回来，怎么办？再派一个廷掾或者其他人到河里去催他们？”这些人都吓得跪在地上叩头，把头都叩破了，额头上的血流了一地，脸色像死灰一样。西门豹说："好了，姑且留下来再等他们一会儿吧。"过了一会儿，西门豹说："廷掾可以起来了，看样子河伯留客要留很久，你们都各自散了，离开这儿回家去吧！"这一下老百姓都恍然大悟了。原来巫婆和地方管事的人都是合伙害人骗钱的。从此，大家都不敢再提给河伯娶媳妇的事情了。

西门豹接着又征发老百姓在当地开挖了十二条渠道，把黄河水引来灌溉农田，田地都得到了灌溉。从此，漳河两岸年年丰收，老百姓也因此家家富足，过上了幸福的生活。

滑稽辩才

淳于髡是齐国的一位入赘女婿。他身高不足七尺，被齐威王任命为大夫。他足智多谋，能言善辩，多次在出使别国时成功地维护了齐国的威望，为齐国立下大功。

齐威王在位时喜好说谜语，他整夜陶醉于酒宴，不理政事，将国事委托给朝廷大臣。很多的文武百官也荒淫放纵，一时各国都来侵犯齐国，眼看国家危在旦夕。齐威王身边的近臣也不敢劝谏。淳于髡于是用隐语劝谏齐王说：“齐国有只大鸟，落在大王的庭院里，三年不飞也不叫，大王猜这是什么鸟?”齐威王说：“这只鸟不飞则已，一飞冲天；不鸣则已，一鸣惊人。”于是就下诏让全国七十二个县的官员都来朝廷商议国家大事，当场就奖赏了一个好县官，杀死了一个坏县官；又派兵抵抗入侵的敌人，诸侯们见到齐威王开始治理朝廷，都十分惊恐，纷纷把侵占的土地归还给齐国。齐国的声威一直维持了三十六年。

有一次，齐王得到了一只珍贵的鹄鸟，命令淳于髡将这只鹄鸟献给楚王。才出了齐国都城门，那只黄鹄就飞走了。淳于髡只好托着空笼子，编造了一篇假话，前去拜见楚王。他说：“我奉齐王的命令前来进献鹄鸟，中途过了一条河，我看鹄鸟口渴想要喝水，便打开笼子把它放出来饮水，没想到它却一去不再回头。这是我的失职，我本想以死谢罪。不过，我担心大家会说您为了一只鸟迫使一位士人自杀，让您背负不仁的恶名，所以又打消了这个念头。我想再买一只相似的鸟来代替，但这样既欺骗了我国的齐王，又侮辱了楚王您，想想这样做也不妥。我又想逃往他国，可是这样虽然能保全自身，但会影响齐、楚两国的友好关系。为此，我心甘情愿地前来接受任何惩罚。”楚王听了他的话非常感动，赞赏他有胆有识，不但没有责难他，反而对他进行了重赏。

齐威王八年（公元前 371 年），楚国派大军入侵齐国。齐王派淳于髡出使赵国求援，并让他携带一百斤黄金和十辆驷马车作为礼物献给赵王。淳于髡听了以后仰天大笑，把系帽的带子都笑断了。齐威王说：“先生是不是觉得礼物太少了?”淳于髡说：“我怎么敢嫌少呢!”威王说：“那你笑，难道还有其他原因吗?”淳于髡说：“今天我从东边来，看到路旁有个祈祷田神的人，他拿着一个猪蹄，一杯酒，却祈祷说：‘让高地上收获的谷物盛满篝笼，让低田里收获的庄稼装满车辆，保佑五谷丰登，米粮堆满粮仓。’我看他拿的祭品很少，而祈求的东西太多，所以笑他。”听了淳于髡的话，齐威王就把礼物增加到了黄金千两、白璧十对、驷马车百辆。淳于髡告辞后，立刻出行到赵国。赵王立刻借给他十万精兵，一千辆战车，前去抗击楚国。楚国听到这个消息后，连夜撤兵。

淳于髡的一个朋友在梁惠王府上做谋士，于是向梁惠王推荐淳于髡，说淳于髡是个难得的人才，不仅学问精深，而且懂得治国之道，如果能够得到他的辅佐，一定能够建功立业。于是，梁惠王单独召见了淳于髡两次，可是他始终不说一句话。惠王感到很奇怪，就责备那个举荐他的人说：“你称赞淳于先生，说连管仲、晏婴都比不上他，可是他见了我，我是一点收获也没得到啊。难道是我不配跟他谈话吗？这到底是什么缘故呢？”举荐的人把梁惠王的话告诉了淳于髡，淳于髡说：“我第一次见大王时，他刚刚看过一匹好马，我的到来使他不得不让人把马牵走，但是心思还在马上。第二次，他刚刚看过几个美貌的歌妓，还没来得及欣赏她们跳舞，我就来了，他虽然命舞女退了下去，但是心里还在想着舞女，所以我什么也没有说。”举荐人把这番话告诉了梁惠王，梁惠王惊讶地说：“哎呀，淳于髡真是个圣人啊！第一次淳于髡来见我，有人给我进献了一匹好马，我还没来得及试骑，见他来了我虽让他们退下，但是心里还想着骑马的样子；第二次淳于髡来见我，有人给我送来几个舞女，我还没来得及欣赏歌舞，见他来了我又斥退了左右下人，但是心思还在那几个美貌歌妓身上。”

后来淳于髡再次来见惠王的时候，两人专注地交谈，一连三天三夜都没有倦意。惠王打算封淳于髡为宰相，淳于髡推辞不受。后来，淳于髡终身没有做官。

商鞅变法

商鞅，战国时期政治家，法家代表人物，又名公孙鞅、卫鞅，卫国（今河南濮阳）人，约生于公元前390年，死于公元前338年。商鞅是战国时期没落贵族的后代。

他从小就喜欢研究“刑名之学”。所谓“刑名之学”，即指建立和巩固地主阶级专政的一套法家学说。年轻时，商鞅在魏国进一步研究法家思想，总结了吴起等人的变法经验，完善了自己的法家理论。公元前361年，秦孝公颁布法令寻找贤能的人，说：“不论是秦国人还是外来的客人，谁能想办法使秦国富强起来，我就封谁做官。”商鞅响应号召去了秦国，向秦孝公献上富国强兵的策略，提出将变法重点放在两个方面：一是废除旧的封建领主制，把秦国建成一个封建地主制的中央集权国家；二是推行农战政策，发展秦国的农业生产，增强军事力量。

商鞅富国强兵的策略很得秦孝公的欢心。在秦孝公的支持下，商鞅开始在秦国变法，制定新的法律。但甘龙、杜挚等大臣坚决反对变法。为了使百姓相信新法是能够坚决执行的，商鞅便在京城南门口树了一根大木，对围观者说：“谁要能将这根木头从南门搬到北门，就赏他十两金子。”不一会，南门口围了一大堆人，大家议论纷纷。有的说：“这根木头谁都拿得动，哪儿用得着十两赏金？”有的说：“这大概是当官的成心开玩笑吧。”大多数人都不相信有这等好事，觉得商鞅的许诺一定不能兑现。大伙儿你瞧我，我瞧你，就是没有一个敢上去扛木头的。商鞅知道老百姓还不相信他下的命令，就把赏金提到五十两。没有想到赏金越高，看热闹的人越觉得不近情理，仍旧没人敢去扛。就在大家犹豫不决时，有一个人却扛起了木头，从南门一直走到北门，商鞅当场兑现承诺，赏给他五十两金子。这样一来，人们都相信商鞅说的话是算数的，当他推行新法的时候人们就遵守了。

商鞅的变法分为两个阶段进行。第一次从秦孝公三年（即公元前356年）开始，第二次变法从秦孝公十二年（即公元前350年）开始，这次变法比第一次更进一步，改革的主要内容是：

一、废井田，开阡陌（阡陌就是田间的小路）。秦国把这些田间的道路铲平，也种上庄稼，还把以前作为划分疆界用的土堆、荒地、树林、沟地等，也开垦起来。谁开垦的荒地，就归谁所有。土地可以买卖。

二、建立县的组织，把市镇和乡村合并起来，组织成县，由国家派官吏直接管理。这样，中央政权的权力更集中了。

三、迁都咸阳。为了便于向东发展，把国都从原来的栎阳迁移到渭河北面的咸阳（今陕西咸阳市东北）。

这样大规模的改革，侵犯了贵族们的利益，许多贵族、大臣都反对新法。太子傅公子虔和太子师公孙贾还教唆太子驷出来公开反对新法。商鞅在孝公的支持下，加强思想统治，新法得到了推行。

有一次，秦国的太子犯了法。商鞅对秦孝公说："国家的法令必须上下一同遵守。要是上头的人不能遵守，下面的人就不信任朝廷了。太子犯法，他的师傅应当受罚。"结果，商鞅把太子的两个师傅公子虔和公孙贾都办了罪，一个割掉了鼻子，一个在脸上刺上字。这一来，很多贵族和大臣都不敢触犯新法了。

这样过了十年，秦国果然越来越富强，农业生产发展了，军事力量也强大了。周天子打发使者送祭肉来给秦孝公，封他为“方伯”（一方诸侯的首领），中原的诸侯国也纷纷向秦国道贺。不久，秦国进攻魏国的西部，从河西打到河东，把魏国的都城安邑也打了下来。魏国不得不割让河西的土地，把国都迁到大梁（今河南开封）。

公元前338年，秦孝公去世，太子驷登基做了皇帝，这就是秦惠王。公子虔等人乘机告发商鞅“想谋反”，秦惠王下令逮捕商鞅。商鞅逃亡到边关，想在旅馆投宿，但旅馆的主人不认识商鞅，见他没有带凭证，就没有让他住下来，因为按照秦国的法律，留宿没有凭证的客人是犯罪的。商鞅想到魏国去，但魏国因他以前生擒公子昂的事情，也不同意他入境。他回到自己的封地，举兵抵抗，结果失败战亡，而后尸体被下令车裂。

商鞅虽然死了，但是秦惠王和他的子孙都继续实行商鞅的新法，所以秦国日渐富强，国力大增，为后来秦灭六国，统一中国奠定了基础。

“合纵”之祖

苏秦，字季子，东周洛邑（今河南洛阳东）人。苏秦出生在比较富裕的农民家庭，曾经拜鬼谷先生为老师，专门学习纵横捭阖的谋划术，即通过雄辩进行合纵和连横的说客学问。苏秦的口才很好，他在还没有完成学业的时候，就早早地离开了老师鬼谷子，到各地游说。

苏秦在外面奔波了几年，却一事无成。他身上带的钱花光了，穿的貂皮衣服也磨破了，还没有人赏识他，只好返回了洛阳老家。家里人见他面黄肌瘦，穷困潦倒，一副没精打采的样子，都不想搭理他。他的妻子坐在织机上只管织布，也不下来迎接他。他的嫂子不给他做饭吃，还唠唠叨叨地埋怨他：“你不肯靠着体力种植庄稼来发家致富，也不学点经商赚钱的能力，却跑去读书，专门学那卖嘴皮子的本事，现在你吃苦受罪又能抱怨谁呢!”对于家人的责怪，苏秦一句话也没有说，但他也没有因此消沉下去。他把家里的书都翻出来，挑出一本叫《太公阴符经》的书，每天闭门在家，刻苦攻读。每当深夜困倦的时候，他就用妻子纳鞋子用的锥子扎自己的大腿，用疼痛来驱赶睡意，有时鲜血都流到了脚上，仍然坚持读书。苏秦经过反复钻研，深入揣摩，刻苦攻读了整整一年，悟出了许多道理，认为自己已经能说服当时的君王接受自己的说辞了，他就再次离开了家门。

苏秦先到了东周，对周显王说愿意帮助他重振周王室的权威。周显王身边的大臣和谋士们都瞧不起苏秦，劝说显王不要听信苏秦的鬼话。苏秦离开了东周，又向西到了秦国，劝说秦惠王使用连横的计策，逐一消灭六国，吞并天下称帝。当时秦惠王刚刚杀掉了主张变法改革的商鞅，对说客很反感，也没有搭理苏秦的高谈阔论。苏秦虽然连连碰壁，却没有灰心，反而下定决心要干出个样子来，给那些瞧不起他、不重用他的人点颜色看看。

当时，各国之中，齐、楚、燕、韩、赵、魏、秦的国力最强盛，而七国之中又首推秦国最强。于是，苏秦经过反复思考，初步形成了一个促成六国结盟以共同对抗秦国的战略思想，即“合纵”。出于对自己新战略思想的自信，苏秦再次离开家乡，到各国游说。

辞别故乡的苏秦首先来到相对来说最为弱小的燕国。他拜见燕文侯的时候，讲述了燕国和别的国家结盟的重要性。燕国之所以能够平安无事，没有受到秦国的侵犯，是因为有赵国在南面做屏障。秦国攻打燕国是在千里之外作战，而赵国如果要攻打燕国，是在百里以内作战。现在燕国不担心百里之内的祸患，而去关注千里之外的战事，这是战略上的错误呀！因此，燕国必须和赵国联合起来抵抗秦国，这样燕国才可能安全。苏秦出色的口才和一语中的的道理打动了燕文侯的心，于是燕文侯资助他车辆马匹和钱财物资，让他去游说赵国。

苏秦来到赵国以后，便以燕国使者的身份去拜见赵侯。他向赵肃侯指出，秦国国力强大，早就有侵占中原的野心。其他各国凭着自己的实力，都难以单独抵抗秦国，如果各国都争相讨好秦国，那么将来一定会被秦国各个击破。现在各个国家如果能联合起来，就能以五倍于秦国的土地，十倍于秦国的兵力对抗秦国。秦国攻打其中任何一个国家，其他国家都一起援助他，那么秦国虽然强大，也不敢轻举妄动，这样各国才能相安无事。苏秦还请赵侯出面倡议六国合纵抗秦，赵侯当即采纳了他的建议，并且拜苏秦为相国，派他去游说各国，共同订立合纵盟约。苏秦就又以赵国使者的身份，去其他各国说明利害，并成功地得到各国君主的赞同。回到赵国之后，苏秦被封为武安君。苏秦凭借自己三寸不烂之舌，促成了前所未有的六国联盟，他的身价也随之提升百倍。

不久以后，六国国君在赵国洹水（今河南境内）举行结盟仪式，合纵抗秦。同时封苏秦为“从约长”，佩带六国的相印。回到赵国以后，苏秦命人将六国合纵的盟约书送给秦国，秦国得知后也非常害怕，在之后的15年内都不敢出兵函谷关，秦国对六国的威胁也暂时得以解除。

秦国得知六国合纵抗秦的事情后很吃惊。随即，秦惠文王采纳了大臣们的建议，用软硬兼施的办法引起六国之间相互猜疑，以拆散合纵。他首先派人去了最近的魏国，归还了从魏国夺来的几座城池，然后又派人去最远的燕国，将女儿嫁给了燕国太子。于是，魏、燕两国立刻同秦国和好起来。赵侯得知以后，责问苏秦为何会出现这种情况。苏秦立刻出发，想前去平息这场同盟中的“内乱”。

苏秦首先来到燕国。这时，燕文侯已死，太子即位，即燕易王。齐国趁着燕国办丧事的机会攻打燕国，连续攻下了十几座城池。燕王便以让齐国归还城池为条件，命令苏秦以

“从约长”的身份出使齐国。如果齐国归还燕国城池，燕国便同秦国断绝来往。

苏秦到齐国拜见了齐威王，先向他行了祝贺的大礼，接着又行了哀悼的礼仪。齐威王不明白他的意思。苏秦说，一个人再饥饿也不会去吃有毒的乌头鱼鱼籽，吃得越多，死得也就越快。燕国和秦国是联姻的国家，齐国占领燕国的城池就等于是与强秦结下了仇怨，这就如同饥饿的人去吃乌头鱼籽一样！齐国就快大难临头了。齐威王大吃一惊，忙向苏秦请教解危的办法。于是苏秦就建议齐威王归还夺来的燕国城池，这样燕王喜欢，秦王也一定会高兴。齐威王很赞同他的话，立刻照办了。

回到燕国之后，苏秦又受到了燕王的封赏。苏秦的得宠，引起了燕国很多大臣的嫉妒，于是不断有人在燕王面前说他的坏话。苏秦怕呆在燕国不安全，就假装得罪燕王，逃到了齐国。齐威王也任命他做了官。谁知后来齐国一些疑忌他的大臣竟然派刺客向他行刺。苏秦临终之前，向齐王献计说：“我死后，您下令将我的人头割下来，挂在街市上，然后再出个告示，就说我私通外国，有知道我的秘密来告发的人，赏赐黄金一千两，那个告发我的人就是杀我的凶手。”苏秦说完这些话就死去了。齐王按照苏秦的话去做，果然抓到了刺客，并将这个刺客处死了。

一代纵横家就以这样惨烈的形式结束了他传奇的一生。

“连横”之父

张仪，是苏秦的同窗好友，传说是战国时期魏国贵族的后代。他和苏秦一同拜在鬼谷子老师门下。苏秦创立合纵之法，游说六国合纵抗秦之后，张仪则以连横之术，游说六国亲近秦国，拆散合纵。苏秦和张仪一起演绎了战国末期群雄“混乱”的场面。

张仪出道比苏秦晚，他苦心研究天下的形势，认为秦国统一天下是大势所趋。他认为苏秦极力倡导的合纵抗秦只不过是延缓诸侯的败落时间而已，秦国最终会以自己的富国强兵吞并六国取代周王室。在苏秦挂六国相印之后，张仪便西去投奔秦国，受到了秦惠王的重用。

公元前 328 年，张仪正式出任秦国国相，并开始实行“连横”的战略。他和秦王商议，由自己先去魏国担任宰相，设法让魏国首先背离合纵的盟约，和秦国交好。张仪到达魏国之后，他向魏王指出，就算是亲兄弟，尚且还会争夺财产，更何况六国都有自己的打算，同盟的时间不可能长久。而且魏国处在各国的包围之中，地势平坦，没有险要的地方可以防守，只有依靠秦国，才能保证安全。但是魏王没有采纳他的意见。张仪就指使秦国派兵攻打魏国，并夺取了魏国的两个城池。第二年，魏国又遭到了齐国的攻打，魏国大败。于是魏哀王听从了张仪的劝告，背弃了合纵的盟约，归顺了秦国，这样苏秦苦心经营建立起来的合纵盟约开始瓦解了。

张仪回到秦国之后，又主动向秦王要求出使楚国，以拆散齐、楚联盟。张仪拜见楚王时，对他说，现在七个大国中，又以秦、楚、齐的势力最强大，而三者中间，又以秦国最强，齐、楚两国国力相当。如果楚国与秦国联盟，那么楚国就比齐国强大；反之，如果齐国先和秦国联盟，那么齐国就比楚国强大。所以，楚国最好的出路就是和秦国联盟。他又许诺楚国和齐国断交，同秦国结盟之后，秦国会把商於等六百多里的土地归还楚国。楚王被眼前的利益所迷惑，不顾大臣们的反对，授予张仪宰相的大印，并和齐国断交，又派了一名将军随张仪回秦国取回商於的土地。谁知张仪回到秦国以后，假装摔伤了脚，竟然三个月没有露面。楚王知道后，以为是因为自己和齐国绝交得不彻底，于是又派人到齐国大骂齐王，齐王大怒，立刻决定和秦国结盟。这时，张仪又告诉随行的楚国将领，说自己答应楚王的，不是六百里商於的土地，而是自己的封地六里。楚王气急败坏，立刻发兵十万攻打秦国，却被齐、秦联军击败，不仅损失了八万兵力，还被秦国夺去了丹阳、汉中的土地。楚王不甘心失败，又征调举国的兵力攻打秦国，再次大败，最终只好割了两座城池和秦国讲和。秦王提出用商於的土地换取楚国黔中的土地。楚王答复秦王说，只要能得到张仪并杀了他，楚国愿意将黔中的土地奉送给秦国。张仪不顾自身的安危，一个人去了楚国。他买通了楚王的宠臣靳尚和夫人郑袖，使楚王改变了对自己的态度。他还向楚王提出，他可以向秦王建议不要黔中的土地，用两国太子交换作人质为条件，两国结成联盟国，楚王同意了他的提议。就这样，齐楚两国也背离了“合纵”联盟而与秦国结盟。

这样，六国之中已经有魏国、齐国和楚国归顺了秦国。张仪又如法炮制，马不停蹄地到韩国、赵国和燕国游说，最终，六国都听从了张仪的计策，解散合纵盟约，先后归顺秦国。他也因此被秦王封为武信君。秦惠王死后，即位的秦武王在当太子的时候就不喜欢张仪，张仪于是出逃到魏国，担任魏国的宰相，一年后去世。

张仪凭借着高超的智谋和辩论才能，瓦解了苏秦生前创立的六国合纵。在他死后，虽然六国重新合纵结盟，联合起来对抗秦国，但是因为张仪这些年以来的挑拨离间，六国已经是貌合神离，离心离德，最终都成了秦国的阶下之囚。可以说，张仪的连横之术成为了后来秦灭六国、统一天下的基本战略。

负荆请罪

廉颇是赵国的杰出将领，他凭着勇气闻名于诸侯。赵惠文王十六年，廉颇担任赵国的大将，领兵攻打齐国，大败齐军，夺取了阳晋地区，被封为上卿。

蔺相如是赵国宦官头领缪贤的门客，以前并没有很大的名声。当时，秦国最为强大，常常进攻别的国家。

有一回，赵王得了一件无价之宝，叫和氏璧。秦王知道了，很想得到和氏璧，就派人送给赵王一封信，表示愿意拿十五座城池来换这块璧。

赵王接到了信非常着急，立即召集大臣前来商议。大家说秦王不过想把和氏璧骗到手罢了，不能上他的当。可是不答应，又怕秦国派兵来进攻。想找一个能够出使秦国答复秦王的人，也没找到合适的人选。

正在为难的时候，宦官头领缪贤说："我的门客蔺相如勇敢机智，也许可以出使。"赵王问他："你为什么推荐他呢?"缪贤回答说："以前，我犯过罪，打算逃到燕国。蔺相如劝我不要到燕国去，他问我为什么信任燕王。我告诉他，早在我陪同大王您到边境和燕王会面的时候，燕王曾暗暗握住我的手，说很想和我交朋友，所以我信任燕王。蔺相如劝阻我说，现在赵国强大而燕国弱小，燕王愿意和我交朋友是因为我得到大王的信任。一旦我背叛赵王逃到燕国，燕王一定会将我捆绑着送回来讨好赵国，他建议我主动向您请罪，以获得您的宽恕。我按照他的建议做了，您果然宽恕了我。

我从这件事情知道蔺相如是一位头脑冷静，有勇有谋的人，能够担当出使秦国的大任。”赵王听到缪贤的一番话，于是派人把蔺相如找来，问他该怎么办。

蔺相如说：“大王如果没有合适的人，我愿意带着和氏璧到秦国去。如果秦王真的拿十五座城来换，我就把璧交给他；如果他不肯交出十五座城，我保证完整无缺地把璧送回赵国。那时候秦国理亏，就没有动兵攻打我们的理由了。”

赵王和大臣们也没有别的办法，只好派蔺相如带着和氏璧到秦国去。

蔺相如到了秦国拜见秦王，献上和氏璧。秦王非常高兴，双手捧住璧，一边欣赏一边称赞，就是绝口不提十五座城的事。蔺相如看出秦王没有诚意把城交给赵国，就上前一步，说：“这块璧上有点儿小斑点，请让我指给您看。”秦王听他这么一说，就把和氏璧交给了蔺相如。蔺相如趁机捧着璧，往后倒退了几步，靠着柱子站定。他愤怒地说：“我看大王没有诚意把城交给赵国。现在璧在我手里，您如果一定要逼迫我，我的脑袋和璧就一块儿撞碎在这柱子上！”说着，他举起和氏璧就要向柱子上撞。秦王害怕他真的把璧撞碎了，于是赶忙道歉，叫人拿出地图，把答应划归赵国的十五座城指给他看。蔺相如说和氏璧是无价之宝，赵王送璧时，斋戒了5天，秦王也要斋戒5天，还要在朝廷上举行一个隆重的典礼，他才肯交出来。秦王只好跟他约定了举行典礼的日期。

蔺相如知道秦王丝毫没有拿城换璧的诚意，一回到宾馆，立刻派他的一个随从乔装打扮，带着和氏璧抄小路先回赵国去了。到了举行典礼的那一天，蔺相如进宫见了秦王，不慌不忙地说："和氏璧已经送回赵国去了。现在您如果有诚意的话，先把十五座城交给赵国，赵国又怎么敢留下璧而得罪大王呢？不然，您杀了我也没有用，还希望大王您和各位大臣仔细考虑这件事！"秦王没有办法，只得客客气气地把蔺相如送回赵国。结果秦国没割城给赵国，赵国也始终没有把璧给秦国。

这就是"完璧归赵"的故事。相如回国以后，赵王认为他是很贤能的大夫，就任命他作上大夫。

过了几年，秦王想同赵王和好，约赵王在渑池会见。赵王和大臣们商议说："去吧，怕有危险；不去吧，又显得太胆怯。"廉颇、蔺相如商议后认为对秦王不能示弱，还是去的好，赵王才决定动身，让蔺相如随行。大将军廉颇带着军队送他们到边界上，做好了抵御秦兵的准备。

赵王到了渑池，会见了秦王。秦王要赵王弹瑟。赵王不好推辞，只好为他弹了一段。秦国的史官上前记道："某年某月某日，秦王和赵王相会饮酒，令赵王弹瑟。"

蔺相如看秦王这样侮辱赵王，生气极了。他走到秦王面前，说："请您为赵王敲瓦盆。"秦王不肯。蔺相如跪下来继续请求，秦王还是拒绝。蔺相如站起来，走上前说："您现在离我只有五步远。您不答应，我就跟您拼了！"秦王被逼得没有办法，只好敲了一下瓦盆。蔺相如也回头招呼赵国的史官写道："某年某月某日，秦王给赵王敲瓦盆。"秦国的大臣们说："请用赵国的十五座城为秦王祝福。"蔺相如也反击道："请用秦国的国都咸阳为赵王祝福。"秦王没占到便宜。他知道廉颇已经在边境上做好了准备，不敢拿赵王怎么样，只好让赵王回去。

蔺相如在渑池会上又立了功。回到赵国，赵王封蔺相如为上卿，职位比廉颇高。

廉颇很不服气，他对别人说："我身为赵国的大将，立下许多大功。他蔺相如有什么能耐，就靠一张嘴，反而爬到我头上去了。况且他本来是个地位低贱的人。我感到羞耻，不甘心位居他之下。我碰见他，一定要让他下不了台！"蔺相如听说了这话，不肯和他见面。每逢上朝时，常常请病假不上朝，避免和廉颇见面。

有一天，蔺相如坐车出去，远远看见廉颇骑着高头大马过来了，他赶紧叫车夫把车往回赶。蔺相如手下的人看不下去了，说："您怕廉颇像老鼠见了猫似的，为什么要怕他呢！"蔺相如对他们说："诸位请想一想，廉将军的威风和秦王比，谁厉害？"他们说："当然秦王厉害！"蔺相如说："凭着秦王那样的威风，我都不怕，难道单会怕廉将军吗？大家知道，秦王不敢进攻我们赵国，就因为有廉颇和我存在。如果我们两虎相斗，就会削弱赵国的力量，秦国必然乘机来攻打我们。我所以这样做，是因为把国家的急难放在前头，而把个人的仇怨放在后头啊！"

蔺相如的话传到了廉颇的耳朵里。廉颇静下心来想了想，觉得自己的想法实在不应该。于是，他脱下战袍，光着膀子背上荆条，到蔺相如府上请罪，说："我这粗野鄙贱的人，不知道将军您竟宽容我到了这种地步啊！"蔺相如见廉颇来负荆请罪，连忙热情地出来迎接。从此以后，他们俩成了好朋友，同心协力保卫赵国。

侠义孟尝

孟尝君，姓田，名文，和赵国平原君赵胜、魏国信陵君魏无忌、楚国春申君黄歇合称战国四公子。孟尝君是齐国的宗室大臣，他的父亲是靖郭君田婴。

当初，田婴有四十多个儿子，他的小妾生了个儿子叫文，因为出生在五月五日，田婴怕他长大后会祸害父母亲，便让小妾把孩子扔掉，但是田文的母亲还是偷偷把他养活了。等他长大后，田婴渐渐改变了对他的态度，开始器重他，让他主持家政，接待宾客。慢慢地，田文的名声也传播到各诸侯国中。田婴去世后，田文继承了田婴的爵位。这就是孟尝君。

孟尝君在自己的封地上招揽各诸侯国有才能的人士，很多人都归附了他，他的门客达到了好几千人。孟尝君的门客不论出身贵贱，所获得的待遇一律和孟尝君相同。孟尝君每次接待门客，和大家坐着谈话时，总是在屏风后安排秘书，让他记录下自己和门客的谈话内容，并记载所交谈门客的亲戚们的住处。常常是门客刚刚离开，孟尝君就已经派遣使者到门客亲戚家里抚慰问候，并献上礼物，因此贤能的人都愿意归附孟尝君。孟尝君对于来到自己门下的宾客们都热情接待，无论关系的亲近疏远，一律给予优厚的待遇。所以所有的宾客都认为孟尝君和自己很亲近。

秦昭王听说孟尝君很贤能，就请求会见孟尝君。在秦昭王的邀请下，孟尝君准备去秦国，后来被门客劝阻而没有去成。公元前 299 年，赵国派遣孟尝君到秦国，到了秦国后，秦昭王立即让孟尝君担任秦国的宰相。有大臣劝秦王说："孟尝君虽然贤能，但他是齐王的同宗，现在在秦国担任宰相，那么他考虑事情时一定会先考虑齐国，然后才想到秦国，这样秦国就有麻烦了。"于是秦昭王就罢免了孟尝君的宰相职务，把孟尝君囚禁起来，并企图杀掉孟尝君。孟尝君在门客的帮助下，盗出了已经送给昭王的白色狐皮大衣，通过贿赂秦昭王的宠妾，让秦昭王释放了他。孟尝君获释后，立即乘快车逃离秦国，等昭王后悔去追他时，孟尝君已经逃出了函谷关。孟尝君回到齐国后，齐王就让他做了齐国宰相，掌管朝政。

孟尝君担任齐国宰相的时候，一次他的手下魏子替他去收取封邑的租税，去了三次都没有把租税收回来。孟尝君问他是什么原因，魏子回答说："那里有位贤德的人，我私下用您的名义把租税赠给了他，所以没有收回来。"孟尝君听后发了火，一气之下辞退了魏子。几年以后，有人诽谤孟尝君，向齐愍王告密说："孟尝君将要发动叛乱。"孟尝君得知消息后，就匆忙逃离了。曾经得到魏子赠粮的那位贤人听说了这件事，就上书给愍王，申明孟尝君不会作乱，并请求以自己的生命做担保，于是在宫殿门口割脖子自杀，以死来证明孟尝君的清白。齐愍王很震惊，便下令追查事情的真相，查证之后得知孟尝君果然没有阴谋叛乱，于是又召回了孟尝君。但是孟尝君借口身体不好，让齐愍王答应了他辞官回封地养老的请求。

后来，逃亡到齐国的秦国将领吕礼担任了齐国的宰相，他嫉恨孟尝君的才能，想要谋害他。在孟尝君的计策下，秦国丞相穰侯向秦昭王进言说，如果齐国再任用吕礼，秦国就要发兵攻打齐国，于是吕礼逃离了齐国。

齐王中了秦国和楚国的离间计，认为孟尝君的名声压倒了自己，并且已经独揽齐国的大权，于是免去了孟尝君的官职。孟尝君的门客看到他被罢了官，一个个都离开了他。只有冯驩留了下来。在冯驩的帮助下，齐王恢复了他的宰相官位，归还了他封邑的土地，又给他增加了一千户的封地。孟尝君见到冯驩的时候，深深感叹说："门客们看到我一被罢官，都离我而去。如今靠着先生我才能够恢复宰相的官位，那些离去的宾客还有什么脸面再来见我呢？如果有再来见我的，我一定把唾沫吐在他的脸上，狠狠地羞辱他。"冯驩劝孟尝君说："您的话说错了。世间万物都有它一定的道理。富贵的人多宾客，贫贱的人少朋友，事情本来就是如此。就好像天亮的时候，人们向集市里涌去；等到太阳落山，经过市集的人却连头也不回。不是人们喜欢早晨而厌恶傍晚，只是由于人们期望得到的东西集市中已经没有了。你失去了官位，宾客们都离你而去，你不能因怨恨宾客而隔断他们重新回到你身边的路。希望您对待宾客还是像过去一样。"孟尝君于是拜谢说："我一定听从先生您的指教。"

后来，孟尝君到了魏国，魏昭王任用他做宰相。孟尝君任职的时候，联合秦国、赵国，帮助燕国打败了齐国。齐愍王逃到莒地，后来就死在那里，齐襄王即位。当时孟尝君在各诸侯国之间保持自己中立的地位，不从属于哪个君王。

田文去世后，谥号称孟尝君。

三闾大夫

屈原，名平，字原，战国末期楚国人，是楚武王的后代。他不仅是杰出的政治家，还是中国最伟大的爱国诗人之一。

屈原的一生经历了楚威王、楚怀王和楚顷襄王三个时期。他的主要活动集中在楚怀王时期，这个时期也正是中国即将实现统一的前夕。

由于屈原出身贵族，通晓治理国家的道理，所以早年很受楚怀王的信任。楚怀王先任命屈原为三闾大夫，帮助管理宗族事务。后来又任命他担任左徒，和怀王商议国家大事，参与法律的制定，同时还让他主持国家外交事务。为了尽早实现楚国的统一大业，屈原对内积极辅佐怀王变法图强，对外坚决主张联合齐国抵抗秦国。楚国在一段时期内出现了国家富强、兵力强盛，在诸侯国中威震四方的局面。

屈原在楚国的崇高威望，引起了大臣上官大夫的嫉妒。上官大夫背地里对楚怀王说："大王信任屈原，把治理国家的大权交给他，可是屈原不但不感激大王，反而在外面夸夸其谈，说楚国没有他不行。”楚怀王听了非常生气，渐渐地疏远了屈原。

楚怀王十五年（公元前304），张仪从秦国来到楚国。为了破坏齐楚联盟，张仪花重金收买了楚国的靳尚、子兰和郑袖等大臣充当内奸，同时用“把秦国商、於的六百里土地献给楚国”的计策欺骗怀王，于是楚怀王便和齐国断绝了友好关系。怀王知道受骗后恼羞成怒，先后两次向秦国发动战争，都失败了。楚怀王派遣屈原出使齐国，重修齐楚两国的友好往来。这期间张仪又一次从秦国来到楚国，进行瓦解齐楚联盟的活动，齐楚联盟最终没能成功。怀王二十四年，楚国彻底投入了秦国的怀抱。后来，秦昭襄王约楚怀王到秦国去签署两国合作的盟约，屈原坚决反对，他对楚怀王说：“秦国一直想消灭楚国，这次肯定是一个圈套。楚国只有和齐国联合起来，才能抵抗秦国的进攻。”可是楚怀王听不进屈原的劝告，还是到秦国去了。果然，楚怀王一到秦国，就被软禁起来，最后死在了秦国。

因为阻止楚国和秦国联盟，屈原也被楚怀王逐出了郢都，流放到汉北地区。怀王三十年，屈原从流放地回到了郢都。楚怀王死后，楚顷襄王即位。屈原希望顷襄王能够接受楚怀王的教训，好好治理国家。他劝说顷襄王选拔人才，远离小人，鼓励将士，操练兵马，使楚国富强起来。可是顷襄王只顾自己享乐，根本不把国家和百姓的命运放在心上。他继续实施投降秦国的政策，屈原的劝告只让他觉得心烦，再加上小人对屈原的排挤和诽谤，最后，他索性把屈原罢了官，流放到了湘南。

从顷襄王六年到十八年，楚国基本上都被秦国掌握，对秦国唯命是从，丝毫不敢反抗。屈原对此痛心疾首，却又无能为力，眼看着国势日渐弱小，百姓的生活更加艰难，只好用诗歌来抒发自己忧国忧民的心情。

屈原写了一首长诗《离骚》。这是一首充满爱国主义激情的诗，全诗共 373 句，句句都洋溢着忧国忧民的思想感情，表现了屈原宁愿牺牲自己来换取国家富强的远大理想。直到今天，这首诗仍然是我国乃至世界诗坛上最伟大的诗篇之一。除了《离骚》，屈原还有很多其他作品。他的作品归纳起来一共有 25 篇，篇目为《九歌》《招魂》《天问》《离骚》《九章》《卜居》和《渔父》等。

顷襄王二十一年（公元前 278），秦国大将白起率兵南下，攻破了楚国郢都，顷襄王吓得逃走了。屈原听到这个消息，伤心极了。他不愿意看到楚国的灭亡，在绝望和悲愤之下，怀抱大石头投汨罗江自杀了。这一天正好是农历五月初五。

屈原死后，楚国的百姓十分悲伤，纷纷到汨罗江边去悼念屈原。渔夫们划着船只，在江上打捞他的尸体。大家纷纷拿出为屈原准备的饭团、鸡蛋等食物丢进江里，好让江里的鱼虾吃饱了不去咬屈原的身体。还有一位老医生拿来一坛黄酒倒进江里，说是要用酒把蛟龙水兽弄昏，这样他们就不会伤害屈原了。人们还用楝树叶包着饭团，并在外面缠上丝线丢到江里，后来就逐渐发展成现在的粽子。慢慢地，这种习俗流传到了大江南北。

现在，每年农历五月初五的端午节，中国民间包粽子、赛龙舟的习俗，就起源于人们对屈原的纪念。

乐毅献书

乐毅，战国时燕国的将军，是当时杰出的军事家。乐毅的祖先乐羊，曾经在魏文侯手下担任将领，因为在攻打中山国的战争中立了功，获得了封地灵寿，从此乐氏子孙便世代定居在这里。后来，赵国占领了灵寿，乐毅就成了赵国人。乐毅从小就聪明能干，喜好兵法，在赵国很有名气。

后来，燕、齐两国发生战争，燕国被齐国打败了。燕昭王时刻不忘失败的耻辱，想找机会雪耻，但燕国比较弱小，又处在偏远的地方，昭王认为靠自己的力量实在无法打败强大的齐国，于是广泛地招纳贤能的人来帮助自己。当时乐毅正好出使燕国，燕昭王听说乐毅通晓军事，就用贵宾的礼节来对待他。乐毅最终为昭王的诚意所动，答应为燕国效力，燕昭王就封乐毅为亚卿（仅次于上卿的高官）。

燕昭王想要报仇雪恨，攻打齐国，就同乐毅商量。乐毅认为，齐国地广人多，善于打仗，仅仅凭借一国之力去攻打它，恐怕很难取胜，必须联合楚、魏、赵、韩等国，使齐国陷于孤立的被动地位，才可以战胜它。燕昭王接受了乐毅的建议，便派乐毅去赵国同赵惠王结盟攻打齐国，又派人分别到楚国和魏国进行联络。当时各国都很厌恶齐国齐滑王的骄横粗暴，听说要联合起来攻打齐国，都表示同意。

公元前 284 年，乐毅担任上将军，率领军队联合赵、楚、韩、魏、燕五国军队攻打齐国，前后长达五年，攻下了齐国七十多个城池。当时齐国的大部分土地都被燕军占领了，只有莒、即墨两座城池还没被攻下。乐毅认为单靠武力，只能攻破城池，不能收服人心，民心不服，就是占领了整个齐国，也无法巩固。所以他对莒城、即墨采取了围而不攻的方针，对已攻占的地区实行安抚人心的政策，想要从根本上瓦解齐国。

这时燕国有人向燕昭王进言说乐毅的坏话，说他之所以一年多时间还没有攻下莒和即墨两座城池，是存了私心，想自己在外面积聚力量，寻找机会谋反。燕昭王杀了这个进谗言的人，表示自己完全相信乐毅。

不久，燕昭王去世，燕惠王即位。惠王在做太子的时候，就与乐毅有矛盾。齐国的大将田单听说后，就派人去向惠王行反间计，宣称说："齐王已经死了，齐国就只剩下两座城池还没被攻下，乐毅以攻打齐国为借口，其实是想发展实力在齐国称王。现在他放缓了攻城的速度，是在收买人心，等待机会啊！齐国人最害怕的不是乐毅，如果燕国派其他将领前来，那么即墨就保不住了。"

燕惠王本来就不相信乐毅，听了这些话信以为真，就用大将骑劫换下了乐毅。乐毅知道燕国已经无法再待下去了，就逃到了赵国。即墨大战中，田单用火牛阵大破燕军，杀死骑劫，乐毅曾经攻下的齐国城池也全部被齐国收回了。燕惠王很后悔，便给乐毅写了一封信，在责备他的同时也向他道歉说："先王曾经把全国的兵力托付给将军，将军为燕国大败齐军，全天下的人都为之震动，我也时刻记着你的功绩。现在先王才刚刚去世，我也刚刚即位，由于听信了小人的话而耽误了国家大事。我之所以派骑劫去代替将军，是因为考虑到将军长年累月地在外面带兵打仗，太辛苦了，所以请你回来休息一下，并且想同你一起商量国家大事。没想到将军却误听传言，和我产生矛盾，背弃燕国投降赵国。将军为自己打算，这样做也许是有道理的，可你如何报答先王的知遇之恩呢?”

于是乐毅便慷慨激昂地写下了著名的《报燕惠王书》，信中针对惠王的无理指责和虚伪解释，表明自己对先王的一片忠心，自己离开燕国实在是不想成为冤死鬼。乐毅的这封信打消了燕惠王对乐毅的某些偏见，燕惠王便封乐毅之子乐间为昌国君。

后来，乐毅一直沟通着赵国和燕国之间的关系，对燕赵两国的友好交往做出了重要的贡献。乐毅最后死在赵国。

触龙劝谏

公元前266年，赵国国君赵惠文王去世，他的儿子孝成王继承王位。因为孝成王年龄小，所以由赵太后执政。当时的赵国虽然有廉颇、蔺相如、平原君等人辅佐，但国势已大不如前了。秦国看到赵国老国君刚死，新国君年幼，觉得有机可乘，于是派军队紧急进攻赵国。赵国在战场上一路败退，形势十分危急。无奈之下，赵国向齐国派出使者，请求帮助。齐国答复说："我国可以出兵援救你们，但是你们要把长安君送过来作为人质。"长安君是赵太后最小的儿子，平时赵太后也最疼爱他。赵太后听说要让长安君去做人质，死活不肯答应。大臣们不断地讲道理、摆事实，劝说赵太后答应齐国的要求。赵太后说不过大臣们，很生气，她对左右的人说："有哪个再来说要让长安君做人质的，我就要把唾沫吐在他的脸上。"

一时间，大臣们知道太后是听不进任何意见了。左师官触龙来到王宫，请求拜见太后。太后正为这件事烦心，听到触龙求见的报告，心想：这个老家伙肯定又是来劝我答应让长安君做人质的，看我今天怎么把唾沫吐在他的脸上。于是怒气冲冲地等着他。触龙来到宫中，慢慢地挪动着小步跑着，到了太后跟前谢罪道："太后啊，我年纪大了。脚上有毛病，不能快步走，请您原谅。好久都没来看您了，我怕您玉体欠安，所以想来见见您。"太后没好气地说："我也年纪大了，不能走了，出门全靠坐车子才能行动。"触龙又问：

“太后您每天的饭量有没有减少啊？”太后说：“我不能吃什么东西了，不过吃点稀饭而已。”触龙说：“我近来也不太想吃什么，但是我每天强迫自己散散步，每天走三四里，这样下来稍微增加了一些食欲，身体也舒畅了很多。”太后说：“哎，我做不到啊。”几句话谈下来，太后发现触龙没有惹她生气，脸上的怒色也渐渐没有了。

触龙看到太后不再生气了，接着说：“太后，我有一件事要来求您帮忙。我有一个最小的儿子，叫舒祺，这东西很不成才，但我已经渐渐衰老了，我心里又放不下他。我请求太后能允许他在宫里当一名卫士，来保卫王宫。我特地冒死来向您禀告。”太后说：“哎，这有多大的一件事呢？让他来吧。他多大了？”触龙说：“十五岁了。不过，虽然他还小，我却希望在我没死之前把他托付给您。”太后很奇怪，问：“你们男人也疼爱小儿子吗？”触龙回答说：“比你们妇女还爱得厉害呀！”太后笑着说：“哪有的事，我们妇女才最疼爱小儿子。”触龙觉得时机成熟了，说：“我私下认为您对燕后的爱怜超过了对长安君。”太后说：“你说错了，我对燕后的爱远远赶不上对长安君啊！”触龙说：“父母疼爱自己的孩子，就必须为他考虑长远的利益。我记得您送燕后出嫁的时候，拉着她的脚跟，哭得稀里哗啦的，不肯让她走。我现在还能想起您悲伤的样子。燕后出嫁以后，您也并不是不想念她，可您祭祀时，一定为她祷告说：‘千万不要被燕王赶回来啊。’难道这不是为她做长远打算，希望她生育子孙，一代一代地做国君吗？”太后答道：“是啊，是这样的。”

触龙又说：“从现在的赵王向上推到三代以前，一直到赵国刚刚建立的时候，历代赵国国君的子孙接受封赏成为侯爵的人，他们的后代继承封爵的，到今天还有存在的吗?”太后答道：“没有。”触龙又问：“不光是赵国，其他诸侯国君被封侯的子孙，他们的后人还有在的吗?”太后道：“我还没听说过。”触龙说：“这大概就叫‘近者祸其身，远者祸其子孙’呀！难道这些人的后代就一定都不好吗？其实是因为他们地位高而没有功勋，俸禄丰厚而没有功绩，占有的珍宝太多了啊！现在您使长安君地位尊贵，把肥沃的土地封给他，赐给他很多宝物，可是却不趁现在让他为国建功，有朝一日您不在了，长安君凭什么在赵国立身呢？我觉得您为长安君考虑得太短浅了，所以认为您对他的爱不及对燕后啊!”太后恍然大悟，说：“行了，绕了这么一大圈子，还是为了那件事啊。这样吧，我不管了，随你把他派到哪儿去吧。”

于是赵国就替长安君准备了一百辆车子，送他到齐国去做人质。齐国于是派兵援救赵国。

忠信平原

平原君赵胜，是战国时期赵国人。他是赵武灵王的儿子，赵惠文王的弟弟，封地在东武（今山东武城），号平原君。平原君曾担任赵惠文王和赵孝成王的宰相，是当时著名的政治家之一，拥有门客 3000 多人。

一次，有个跛子从平原君家楼下经过，平原君的一个小妾看到跛子走路的样子，便大笑起来。第二天，跛子来到平原君面前，告诉他昨天发生的事情，并跪着请求平原君杀了这个小妾。平原君答应了以后，却认为这个要求太过分而没有理会。后来，他的门客走了一半。平原君很奇怪，经过查问以后才知道，原来那件事发生以后门客们认为平原君重女色，轻士人。平原君于是毫不犹豫地杀了那个小妾，并亲自登门向跛子道歉，门客又陆陆续续地回来了。

当时赵国有个小税官叫赵奢，他收税时向来依法行事，从不畏惧强权。一天，他到平原君府收税，结果税没收到，还反倒受了平原君手下人的一顿奚落，吃了一鼻子的灰。赵奢便依法杀了平原君的手下 9 人。平原君很愤怒，想要惩罚赵奢。赵奢明白自己的处境，但他毫无惧色，在平原君面前慷慨陈词："您是赵国有名的能享受特权的公子，现在您放纵自己的手下不遵守国家的法令，那么国家法令就会被削弱；法令削弱了，国家就会削弱；国家削弱了，其他诸侯国就会加紧侵略赵国，赵国就难逃灭亡的命运。而那时您哪里还能享有如此的富贵呢?"平原君听了赵奢的话之后，认为他很贤能，于是向赵王推荐了他。赵王便让赵奢掌管国家赋税的征收。后来赵奢带兵打了几个大胜仗，显示出非凡的军事才能，做了大将。

赵孝成王元年（公元前265年），当时秦昭襄王任用范雎为宰相。范雎在魏国时曾经受过当时宰相魏齐的侮辱，于是威胁魏国杀魏齐。魏齐于是逃到赵国，躲在平原君的家里。秦昭襄王知道后，写信邀请平原君来一起饮酒，平原君不想被人说自己胆小，只好去赴约。到了秦国之后，昭襄王要平原君交出魏齐，平原君拒绝了秦王的请求。秦王于是扣留了平原君并威胁赵孝成王。后来，魏齐自杀身亡，赵王于是取了魏齐的头颅送到秦国，平原君才被放回来。

赵孝成王四年（公元前262年），韩国把上党地区的土地割让给秦国，守城将军冯亭不愿意投降秦国，于是将上党等十七个城市献给赵国，想和赵国一起抵抗秦国。孝成王十分高兴，但平阳君赵豹觉得如果接受这十七个城市，秦国就不会善罢甘休，一定会出兵攻打赵国。孝成王犹豫不决，于是召集平原君和赵禹商量这件事，两个人都认为可以接受。于是赵王派平原君去接受土地。赵国原来让廉颇率领军队驻扎在长平，后来廉颇被免职，由只会“纸上谈兵”的赵括继任。长平之战中，赵括战死，赵国40万士兵被秦军活埋。

赵孝成王九年（公元前257年），秦军包围赵国都城邯郸。秦军包围邯郸后，魏安釐王曾下令派大将晋鄙前去救援，但在秦国的威胁下，晋鄙在边境地区按兵不动。后来在齐国有名的辩士鲁仲连的说服下，平原君于是转向他国求援救助赵国。平原君出使楚国，在门下食客毛遂的协助下，说服楚国与赵国缔结盟约。同时，由于平原君夫人是魏国信陵君的姐姐，因此平原君多次派人前往魏国请求魏国出兵救赵。信陵君也多次请求魏王下令发兵，魏王害怕秦国，没有听取他的建议，信陵君便依照门客侯嬴的提议，杀死晋鄙夺取了他的兵符，带领军队前去救赵。

平原君回国时，楚国和魏国援军还没有到，秦国又在加紧进攻邯郸，一时间邯郸很是危急。这时一个叫李同的人找上门来，对他说："现在形势十分危急，但你的姬妾数百人仍穿好吃好，如果赵国被攻破，你还能这样吗，不如让夫人以下的人都帮助守城，把家里的东西都拿来犒劳士兵，如果守得住，还愁没有这些东西吗?"平原君于是将家财散尽犒赏军队，组织了三千人的敢死队，出城与秦军交战，逼得秦军不得不退后三十里。这时楚、魏援军已到，秦军大败，只好选择退兵。李同也参加了敢死队，在激战中英勇战死。

邯郸危机解除后，赵国上卿虞卿请求为平原君增加封邑，被平原君婉言谢绝了。

赵孝成王十五年，即公元前251年，平原君在安享天年后，安然去世。他的后世子孙世代承袭他的封爵，一直到赵国灭亡。

纸上谈兵

战国时期，赵国有个著名的大将叫赵奢，他曾经以少胜多，大败入侵的秦军，被赵惠文王提拔为上卿，帮助赵王管理国家大事。赵奢有一个儿子叫赵括，从小熟读兵书，谈起用兵的道理口若悬河，连父亲赵奢都不如他。当时，不少人都认为他有做将军的才能。但是他的父亲赵奢却不这么认为，他不但从未赞扬过儿子的军事才能，反而经常担忧地说："我的儿子将来要是不做赵国的将军，那倒是赵国的福气，万一不幸让他当了赵国的将军，那他一定是个败军之将。因为他从没上过战场，只会'纸上谈兵'，一旦真的领兵打仗，绝对会出问题！"

过了几年，赵奢死去了。

公元前259年，秦军派大将王龁攻打赵国的上党地区，赵王命令大将廉颇率领二十万军队前去救援。廉颇针对当时的作战形势，对秦军采取防守的策略，在长平（今山西高平县附近）一带坚守。当时廉颇虽然年纪大了，打仗却很有一套。战争刚开始的时候，赵军接连失败。在这样的情况下，廉颇改变战略方针，他下令军队坚守城池，以逸待劳，不要主动出击，从而保存实力坚守阵地，以此来拖垮秦军。这样相持了四个多月，秦军不但没能攻下长平，而且由于廉颇的拖延战术，秦军的粮草渐渐接不上，快要支撑不下去了，秦军十分恐慌。于是秦军施行了反间计，派人悄悄潜入赵国散布流言说："秦军谁都不怕，最害怕赵奢的儿子赵括担任大将。”

赵王正在为廉颇在军事上毫无进展而闷闷不乐，听到外面流传的那些说法，便立刻撤掉廉颇，想委任赵括为大将来统帅军队。赵括的母亲牢牢记住丈夫生前的嘱咐，再三向赵王说明情况，极力劝说赵王收回成命，可是赵王根本听不进去，还是任命了赵括担任大将来取代廉颇。

赵括自认为很会打仗，他对赵王大言不惭地说：“要是碰上秦国名将白起，我还用考虑一下对付的办法，现在是王龁领兵，我一定能把他打得落花流水。”于是他一到前线，就死搬兵书上的条文胡乱指挥起来。他完全改变了廉颇的作战策略，并且大量撤换将官，一时间弄得人心惶惶，军心很不稳定。

秦军得知赵军的这些情况，自然正中下怀。一天深夜，秦军派一支队伍偷袭赵营，刚一交战，便假装败走。同时，秦军又派兵乘机切断了赵军运送粮草的队伍。

赵括不知实情，还以为秦军真的败逃。他得意地想，取胜就在眼前，这正是表现自己的时候，于是他命令部队紧紧追击。结果，赵军追了一段后即被秦军伏兵拦腰截断，赵军大乱，随后，秦军一齐杀出，将赵军团团围住。同时，秦王又暗中改派白起为主将，以王龁为副将。

赵军被秦军围困 40 多天后，粮食早已吃光又没有接应，一时间军心涣散。赵括一筹莫展，满肚子的兵法也不知如何施展。眼看守下去也是活活饿死，便率军仓皇突围。可是被秦军四面包围，根本就冲不出去。结果赵括被乱箭射死，40 万赵军也全部覆没。

这次战役，就是历史上有名的“长平之战”，赵国不仅在这次战役中损失了四十万兵马，更重要的是从此国力一蹶不振，再也无法和秦国抗衡了。

毛遂自荐

长平之战以后，秦、赵两国都元气大伤。但是秦王仍然命令军队攻打赵国，一时间，邯郸被围，赵国处境危险。

国都被围困，时间长了换谁都着急，赵惠文王便打算让平原君赵胜前往楚国搬救兵。平原君手下门客很多，他便准备从中选二十个文武双全的人随他一起去楚国，劝说楚王一起抵抗秦国。

可是选来选去，只从门客中选出十九个符合条件的人，剩下一个名额无论如何都找不到合适的人。这是，门客中有个叫毛遂的就主动站了出来，向平原君推荐自己。平原君很惊讶，问他："先生在我赵胜的门下有多少年了？"

毛遂回答："我已经在这里待了三年了。"

平原君听说他已经待了三年，立刻有些轻视他，对毛遂说："我认为贤能的人处在世上，就好像是铁锥子放在袋子里一样，立刻就能把袋子戳出一个洞，露出锥子的尖头。现在先生在我门下待了三年，我却从来没有听到任何人称赞过先生的贤能之处，想必是先生没有让人可以称赞的地方。先生还是留在这里不要跟我去楚国了。"

毛遂坦率地说："这是因为我今天才把自己放到袋子中，如果我一早就在袋子中，整个锥子也早就显露出来了。"

听了毛遂的话，旁边已经被选中的十九人哈哈大笑，对他的话不以为然。反倒是平原君对毛遂的这番话很惊奇，于是决定把毛遂带上，这样正好凑足了二十人。

一路上，毛遂的口才和见识在和其他随同出使的人的交谈中崭露头角，同被选中的其他十九人也不禁对毛遂刮目相看，都很佩服他的才华。毛遂也成了这二十个人中间领头的人物。

到了楚国，平原君和楚王商谈借兵解除赵国被围的事情。这一谈不要紧，眼看着从清晨日出谈到日中正午，还没有谈出什么结果，外面等着的门客们忍耐不住了，大家一致推举毛遂进去瞧瞧情况。毛遂也不推辞，整理好衣服帽子，手按着佩剑上了台阶，进入议事堂内。

只见毛遂在议事堂内站好，对平原君说："楚赵联合的益处，三言两语就能说得很明白。现在你们从早上谈到中午，还没有任何结果，这到底是怎么回事呢？"

楚王有些吃惊，不知道这个人是从哪里来的，便问平原君："这位是谁啊？"

平原君连忙介绍："这是我的门客。"

楚王立刻不屑一顾，当场批评毛遂："你一个小小的门客在这里做什么呢？我和你的主君谈话，你来捣的哪门子乱？"

毛遂于是按着剑柄逼近楚王："大王责备我，无非是依仗着楚国地广人多。现在我距离大王只不过十步远，十步之内，大王的性命掌握在我的手里。"

毛遂接着说："我听说商汤凭借七十里的土地在天下称王，周文王凭借一百里的土地使诸侯臣服自己，并不是因为他们的兵力强大，而是因为他们能够根据当时的形势随机应变，从而建立了自己的威信。现在楚国方圆五千里，有一百万的兵力，这是您成就霸王的资本啊！如今凭借楚国的强大，天下没有谁能和楚国相争的。秦国的白起，不过是个小子，却率领几万的人马出兵讨伐楚国，一攻下楚都，二烧了夷陵，三侮辱了楚国的祖先，这是楚国不共戴天的大仇，连赵国都感到耻辱，但大王却不觉得秦国的行为可恨。楚赵联合的目的是为了楚国，而不是赵国啊！现在我的主人就在面前，又哪里轮得上你来指责我呢?”

毛遂的一番话终于打动了楚王，楚王同意联合赵国抵抗秦国。随后毛遂又趁热打铁地主持了赵、楚两国的结盟仪式。结盟仪式完成之后，毛遂对着同来的十九个人说道："你们虽然都是一起跟随来的人，可也算是完成了任务。所谓因人成事者，你们都是沾了我的光啊。"

等回到了赵国，平原君对于自己没有能在毛遂入赵以前就发现他的才能而感到惭愧。他说："毛先生三寸之舌，强于百万雄兵。我是再也不敢正面看您了。"于是立刻尊奉毛遂为贵宾。

仁义信陵

信陵君魏无忌是战国时代魏国人，是魏昭王的儿子，魏安釐王的弟弟。信陵君是战国时代著名的政治家、军事家，魏安釐王时期官至魏国上将军。信陵君为人仁爱宽厚，许多士人都争相前往归附他。当时的信陵君威名远扬，各诸侯国连续十多年都不敢动兵侵犯魏国。

有一次，信陵君与魏安釐王正在下棋，北方边境传来警报，说赵国发兵进犯，正准备进入魏国边境。魏安釐王马上放下棋子，准备召集大臣商议对策。魏无忌劝阻魏安釐王说，这只是赵王在打猎，并不是进犯边境，又接着和魏安釐王下棋。此时的魏安釐王惊恐不安，无心再下。不久，从北方又传来消息，证实了魏无忌的话。魏安釐王大感惊诧，问魏无忌是怎么知道的。魏无忌告诉魏安釐王，他的门客当中有能深入探听赵王秘密的能人，可以随时向他报告赵王的行动。从此以后，魏安釐王畏惧魏无忌的贤能，不敢将国事交给他处理。

有位名叫侯嬴的隐士，已经七十岁了，家里很贫困，他在魏国都城大梁北面的夷门看守城门。有一次，信陵君摆酒大宴宾客，等宾客们都坐好了，魏无忌又带领车马亲自去迎接侯嬴。侯嬴见到信陵君来接他，就跳上马车毫不谦让地坐在最尊贵的左边位子上。信陵君亲自驾马，态度很恭敬。走了一段路，侯嬴对信陵君说："我的朋友朱亥在集市上卖肉，能不能麻烦您的车马，改道载我去拜访他。"信陵君二话没说就调转车马去集市。到了集市，侯嬴下了马车去拜访他的朋友朱亥，故意在那儿站了很久，一边和朱亥谈话，一边暗中观察信陵君，看到信陵君的脸色没有一丝一毫的不恭敬，这才和朋友分别。到家后，信陵君直接领着侯嬴来到上座就座，还把他介绍给前来的所有客人，客人们都很诧异。

公元前 260 年，赵孝成王在长平之战中，中了秦国的反间计，用“纸上谈兵”的赵括取代老将廉颇，结果导致赵国大败，40 多万兵士被秦国活埋。

公元前 257 年，强大的秦国进攻赵国，兵围赵国都城邯郸，赵国多次向魏国求救。魏王派将军晋鄙领兵十万救赵。秦王派使者威胁魏王说：“赵国国都很快就要被攻下了，谁敢救赵，破了赵后就先打谁。”魏王不敢得罪秦国，命令晋鄙停止进军，留在边境地区观望。

魏国的信陵君认为，秦国攻下赵国后，一定会进攻魏国，应设法救赵才能保卫魏国。

信陵君的姐姐是赵国平原君的夫人。平原君接连不断地派出向魏求救的使者，并责怪信陵君说：“我以为您有救别人于危困的崇高义气，现在邯郸危在旦夕而魏国的救兵却不来。公子纵然能轻易地抛弃我，难道也不怜惜你的姐姐吗?”信陵君为此事很忧虑，屡次去请求魏王出兵，门客们也使用各种办法劝说魏王，魏王始终不听。公子估计魏王不肯出兵救赵了，又不想看着赵国灭亡，便决定带着门客去赵国，打算去跟秦军死拼。车队经过夷门时遇见侯嬴，侯嬴说：“我年纪大了不能跟随公子去了。”信陵君走了几里路，总觉得心里不痛快，想着自己从来没有亏待过侯嬴，现在自己要去拼死，怎么侯嬴没有一句半句话送给自己呢？于是又折回来见侯嬴。侯生笑着说："你这样去就如同把肥肉扔给饥饿的老虎，一点作用都没有。"侯嬴支开旁人悄悄对公子说："我听说调动晋鄙的兵符在魏王的卧室内，魏王最宠爱如姬，她可随便进出卧室，能够窃到兵符。我还听说，如姬因为父亲被人杀死，想要报仇，三年没有找到仇人。如姬曾前去求您帮忙，您为她报了杀父之仇，如姬很感激您。如果您能请她偷出兵符，就能救赵了。"信陵君依照侯生的办法，果然得到了兵符。

信陵君带人要去调动晋鄙的军队，侯生又对他说："将领在外作战，君主的命令可以不接受。晋鄙如果不听从你的命令，你就危险了。你把朱亥带去，必要时就把晋鄙打死。"信陵君一行到了魏军大营，拿出兵符要代替晋鄙担任将领。晋鄙很怀疑，不想交出兵权。在这紧急时刻，朱亥从袖子里抽出四十斤重的铁椎，把晋鄙打死，夺取了兵权。魏无忌统领晋鄙的军队后，下令军中说："父子两人都在军队中的，父亲回家。哥哥和弟弟都在军队中的，哥哥回家。没有兄弟的独生子，回家侍奉父母。"于是挑选了八万精兵，去攻打秦军。与此同时，楚国也派出春申君黄歇救援赵国。秦军在魏、楚和赵三国的联合军队下大败，邯郸之围被解除。赵王及平原君亲自到邯郸郊界迎接信陵君。平原君背着箭袋为公子在前面引路。赵王不停地感谢他说："自古以来贤能的人没有能够比得上公子您的啊！"

邯郸战争胜利后，信陵君知道自己的行为一定会让魏王非常恼怒，所以让将领们带着魏军返回了魏国，而自己和门客留在了赵国。赵孝成王感激信陵君窃符救赵的义举，把汤沐邑封赏给魏无忌，魏安釐王也原谅了魏无忌的罪过，仍然让魏无忌享有信陵，而魏无忌一直留在赵国，十年都没有回去。

贤能春申

战国四公子中，孟尝君的父亲是齐威王的小儿子，信陵君是魏昭王的儿子，平原君是赵武灵王的儿子，都是王室宗亲。春申君黄歇和他们三个不一样，他出身于普通人家，是白手起家的。

黄歇年轻的时候曾四处拜师游学，拥有广博的见识。因为辩才出众，深得楚国顷襄王的赏识。顷襄王时期，秦昭王派大将白起带兵打败韩国和魏国后，又联合韩、魏两国共同讨伐楚国，楚国形势很危急，顷襄王就派遣能言善辩的春申君出使秦国，说服秦昭王退兵。

黄歇到了秦国，上书劝秦昭王说，秦国和楚国是最强大的两个国家，如果秦国攻打楚国，必然会导致两败俱伤，很容易使韩、赵、魏、齐等国家得渔翁之利。还不如让秦国和楚国结盟，然后联合起来一起对付其他国家。秦昭王被黄歇成功说服，于是阻止了白起出征，又派使臣给楚国送去厚礼，和楚国结盟，成为友好国家。

公元前263年，楚顷襄王病重，秦国仍不同意被留在秦国作为人质的楚太子熊完返回楚国。黄歇知道秦国丞相范雎和熊完关系很好，于是劝说范雎放了熊完。黄歇说，楚顷襄王很可能会一病不起，如果秦国让熊完回去，熊完即位后必然会感激秦国，努力维护和秦国的关系。如果不放熊完回去，而是利用熊完要挟楚国，楚国一定会另立太子以对付秦国。这样秦和楚的关系就会破裂，而被秦国掌握的太子熊完也就变成了一个没有价值的人。在范雎的帮助下，楚太子熊完装扮成车夫的模样，回到了楚国，最终顺利登基，即为楚考烈王。黄歇也被楚考烈王熊完任命为楚国令尹，掌握军政大权。楚考烈王又封他为春申君，赐给他淮北十二个县的封地。

春申君供养了很多门客。一次，有个叫汗明的人求见他，等了三个月才被接见。两人谈了一会儿，黄歇很欣赏汗明，汗明想再谈下去。黄歇说："我已经了解先生了，先生不必再说了。"汗明摇摇头，说："贤能的舜去事奉圣明的尧，三年以后尧才了解了舜。现在，您一会儿的功夫就了解了我，难道是说您比尧更圣明，而我比舜更贤能吗?"黄歇听了觉得很惭愧，立即召来家吏把汗明的名字登记在贵宾册上，每五天就会见一次。

春申君的门客大多逞强好斗，生活上也很奢侈浮华。有一次，平原君赵胜派使者拜访春申君，春申君让人安排他们住进了一所很豪华的宾馆。赵国使者也想在楚国炫耀一番，会见春申君的时候，他们头上插着玳瑁簪子，剑鞘上装饰着珍珠宝玉。到了春申君的令尹府，赵国使者纷纷自惭形秽。原来，黄歇的门客连鞋子上都缀满了珍珠。

公元前 257 年，秦国的军队包围了赵国的都城邯郸，赵国的形势非常危急，赵国的丞相平原君赵胜前去楚国请求救援，楚考烈王背弃了秦楚两国的盟约，派遣春申君领兵救援赵国。楚、魏、赵三国联合，打败了秦国，解除了邯郸之围。公元前 256 年，楚考烈王派遣黄歇向北征伐鲁国，第二年鲁国被灭。通过援赵灭鲁，黄歇在诸侯中的威望大增，楚国的国力也重新强盛起来。

公元前 242 年，在六国联军讨伐秦国的战争中，六国联军战败而逃。楚考烈王把作战失败的罪责完全怪罪到领兵将领春申君的头上，从此开始冷落他。

公元前 241 年，楚国都城由郢（今淮阳）迁到寿春（今安徽寿县）。这时春申君的封地由淮北 12 县改封吴地，其家族也随他搬到了吴地。春申君在吴地（今上海、苏州一带）治理申江，疏通河道，抑制水患，深得百姓的拥戴。当地人纷纷以其姓或号为许多山、水、地方命名，如今天江苏省江阴市的黄山、上海的黄埔港、上海的简称申，都是因纪念春申君黄歇而得名的。

公元前 238 年，楚考烈王病重，当时楚国的国舅李园想取代黄歇的地位，于是暗中派刺客准备刺杀黄歇。黄歇的门客朱英得到了这个消息，提醒黄歇注意李园的动向，但黄歇没有理会朱英的警告，他不相信一向谦恭软弱的李园会谋杀自己，只当朱英是在危言耸听。

不久，楚考烈王去世。李园果然抢先入宫，在宫门内外设下了埋伏。当春申君前去王宫奔丧时，埋伏的刺客一拥而上，一时间只见刀光剑影，血肉横飞，春申君身中数剑，倒在一片血泊之中。随后，李园派官兵前去春申君的家中，将春申君的家人满门抄斩。

后来楚国发生内乱，从此走向衰亡。

不韦治秦

吕不韦，是战国末年著名的商人、政治家、思想家，卫国濮阳（今河南濮阳西南）人。早年时期，吕不韦是阳翟（今河南省禹州市）的大商人，他往来各地，以低价买进，高价卖出，所以积累了很多的财富。

有一次，吕不韦到邯郸去做生意，偶然见到了在赵国当人质的秦国公子子楚，非常喜欢。用商人的眼光看，他认为子楚就像一件稀有的货物，可以先把他储藏在自己手里，然后等待时机，高价卖出。于是他就前去拜访子楚，拿出五百两黄金送给他，作为日常生活和结交宾客之用。他又拿出五百两黄金购买珍奇玩物，自己带着到秦国去游说秦太子安国君的宠姬华阳夫人，让她立子楚为继承人。

秦昭王去世后，太子安国君继位为王，册封华阳夫人为王后，子楚为太子。赵国也护送子楚的夫人和儿子嬴政回到了秦国。

安国君继位一年之后去世，谥号为孝文王。太子子楚继位，他就是秦庄襄王。庄襄王元年（公元前 249 年），任命吕不韦为丞相，封他为文信侯，把河南洛阳十万户封给了他。

庄襄王即位三年之后死去，年幼的太子嬴政继位，尊奉吕不韦为相国，称他为“仲父”。从此，吕不韦开始随侍在秦王御座的右侧，处理国家朝政。从秦王嬴政即位的公元前 246 年，到公元前 237 年，都是吕不韦直接掌管秦国政权。

吕不韦十分重视人才，他对朝廷的元老重臣十分器重。老将中最突出的是蒙骜，这位老将在吕不韦执政的十多年中，不居功，不傲上，一直带兵为秦国争城夺地，为秦国立下了赫赫战功。

吕不韦用人不拘一格，最有名的是小甘罗，他十二岁就能担负出使的重任。小甘罗首先帮助吕不韦劝服张唐接受出使燕国的命令，后又单独出使赵国，让赵国心甘情愿割了五城送给秦国。

吕不韦是秦国历史上第一个认识到人才的重要作用的。他刚任相国的时候，就在相府内建造了数以千计的房舍，聘了很多有名的厨师，他还在城墙上挂起告示，欢迎各方人士到相府做客。因为吕不韦本人不是秦国人，但却在秦国做官做到相国，因此对当时想追求功名的人来说，很具诱惑力。其次，吕不韦权势很大，招揽人才的举动不会遭到其他人的反对和嫉恨。另外，秦国在军事上节节胜利，统一六国是早晚的事情。因此吕不韦的告示一发出，有远见的人士纷纷奔向丞相府，很快，吕不韦门下的食客就达到三千人，其中包括著名的司马空和李斯。

那时各诸侯国有许多能言善辩的人士，大家都争相著书立说，流行天下。吕不韦就命令宰相府里的门客凡是能写文章的，都把自己的所闻所见和感想写出来，包括从古到今、上下四方、天地万物、兴废治乱、士农工商、三教九流等内容，全部都涉及到，综合在一起成为八览、六论、十二纪，共二十多万字。吕不韦又挑选了几位文章高手对这些文章进行甄选、归类、删定，综合在一起成书，取名叫《吕氏春秋》。吕不韦对这本书十分看重，他命人将书挂在咸阳的城门口，上面悬挂着一千两黄金的赏金，邀请各诸侯国的文人食客前来评价。如果有人能增加或者减少一个字，就给予一千两黄金的奖励。消息传开后，人们蜂拥前去，却没有一个人能对书上的文字加以改动。这样，《吕氏春秋》和吕不韦的大名远播到各诸侯国。

在吕不韦掌政秦国的时代，秦国政治稳定，经济、文化也都取得了很大的进步，吕不韦功不可没。

秦始皇九年（公元前238年），受嫪毐事件的牵连，吕不韦被免去相国的职位。后来秦始皇又把吕不韦逐出京城，发送到他的封地洛阳。吕不韦在封地时，并没有低调地生活，而是广交宾客，各诸侯国的宾客使者络绎不绝地前来问候吕不韦。秦王怕他发动叛乱，就写信给吕不韦说："你对秦国有什么功劳？秦国封你在河南，食邑十万户。你和秦王有什么血缘关系而号称仲父？你和家属都一起搬到蜀地去住吧！"受到威胁的吕不韦害怕以后被杀死，于是喝毒酒自杀了。

甘罗为相

甘罗，战国时期楚国人，他从小就很聪明，是著名的少年政治家。甘罗的祖父甘茂，是秦国一位著名的人物，曾经担任过秦国的左丞相。祖父去世的时候，甘罗才十二岁，于是他就投奔到秦国丞相吕不韦的门下。

秦始皇派遣蔡泽到燕国，只花了三年时间就让燕王喜把太子丹送到秦国作为人质。秦国又想让张唐去扶助燕国，想跟燕国共同攻打赵国来扩大河间的土地。张唐对吕不韦说："我曾经替秦昭王攻打赵国，赵国怨恨我，说'捕获张唐的人奖给他百里的土地'。如果我去燕国，一定要经过赵国，我不能够去。"吕不韦不高兴，但无法勉强他。回到家后，甘罗看见丞相闷闷不乐，就询问说："您为什么这样不高兴呢?"吕不韦说："我派遣刚成君蔡泽去侍奉燕王已经三年了，燕国的太子丹也已经到我们秦国来作人质了。现在我亲自让张唐去扶助燕国，他却坚决不肯去。"甘罗说："请让我前去劝说他吧。"吕不韦呵斥他说："我亲自要求他去，他都不肯，何况你小小年纪。"

甘罗听了不服气地说："我听说项橐七岁的时候就被孔子尊为老师，我现在比他还大五岁，你为什么不让我去试试，如果不成功的话，你再责备我也不迟啊!"吕不韦见他语气坚定，心里不由暗自赞赏，于是就改变了态度，对他说："行，那你就去试试吧！事成之后，必有重赏。"甘罗见他答应了，就高高兴兴地走了。

到了张唐家里，张唐听说是吕不韦的门客来访，连忙出来相见，但发现甘罗不过是个十多岁的小孩子，便很是轻视，随口问道："你来干什么？"甘罗见他态度很傲慢，就说道："我来给你吊丧来了。"张唐听了大怒："小孩子怎么能这样说话，我家又没死人，你来吊什么丧？"甘罗笑道："我可不敢胡说啊，你听我讲清原因。"

于是甘罗问到："你和武安君白起相比，谁的功劳更大啊？"张唐回答到："武安君英勇善战，南面攻打强大的楚国，北面扬威于燕国、赵国，占领的地方不计其数，战功显赫。我怎么敢和他相比啊？"甘罗又问："应侯范雎在秦国掌管政事时，和现在的文信侯相比，谁更专权独断啊？"（应侯是秦国以前的一位丞相，文信侯即吕不韦。）张唐回答："应侯当然不如文信候专权独断啦！""你真的知道应侯不如文信侯专权吗？"张唐说："这肯定错不了。"甘罗听了笑道："应侯想攻打赵国的时候，武安君反对他，离开咸阳七里就被应侯派人赐死，现在文信侯亲自请你去燕国当参谋，你却不愿意去，你想文信侯会容忍你吗？"张唐听了这话，立刻叫人整理行装出发去燕国了。

张唐走了几天后，甘罗对吕不韦说："张唐虽然不得已答应去了，可经过赵国时可能会遇到麻烦。请给我安排五辆车子，我想替他先到赵国去通报一下。"吕不韦想了一下就答应了，并把这件事禀报给了秦王，说："甘茂有个孙子叫甘罗，今年刚刚十二岁，投奔在我的门下。他出身名门，能言善辩，这次张唐托病不去燕国为相，经他一说就答应了，现在，他还想替张唐先到赵国去一趟，请您答应他吧！"秦王听了，就召见甘罗，让他出使赵国。

到了赵国，赵襄王出城迎接他。甘罗对赵王说："燕国派太子丹到秦国作人质，表明燕国不欺骗秦国。秦国派张唐去燕国任丞相，说明秦国不欺骗燕国。燕秦不相欺的目的，是为了攻打赵国，所以赵国现在很危险啊！秦燕和好没有别的原因，就是想攻打赵国，扩大河间的土地！大王不如给秦国 5 座城池，这样秦王一高兴，您再请求他送回燕太子，断绝秦燕的友好关系，这样秦国和赵国就能联合攻打小小的燕国。以强大的赵国攻打小小的燕国，还愁得不到 5 座城池吗?"赵王听了很高兴，立刻割了五座城池给秦国。秦国也把太子丹送回了燕国。赵国又出兵攻打了燕国，占领了燕国 30 座城池，同时把其中的十一座城送给了秦国。

甘罗回到秦国，秦王大加赞赏。秦国不费一兵一卒就得到了河间的土地，于是秦王就封 12 岁的甘罗为上卿（战国时诸侯国最高的官职，相当于丞相），并把当年封给甘茂的土地赏给他。由于当时丞相和上卿的官阶差不多，民间因此演绎出甘罗 12 岁为丞相的说法。

荆轲刺秦

荆轲，是战国时期卫国人。荆轲喜欢读书击剑，经常四处游历，结识了许多豪杰志士。后来他来到燕国，与当地的狗屠夫和擅长击筑的高渐离交上了朋友。荆轲喜好喝酒，每天和高渐离一起在街上喝酒，喝到高兴的时候，高渐离敲打着一种叫筑的乐器，荆轲就和着乐声唱歌，唱着唱着就哭了起来，认为天下知己太少了。燕国名士田光也认为荆轲不是一个平凡的人，和他成为了好朋友。

当时秦王嬴政倚重大将尉缭，一心想统一中原，不断向各国进攻。他拆散了燕国和赵国的联盟，使燕国在战争中丢了好几座城池。

燕国的太子丹原来留在秦国当人质，他见秦王有兼并各国的野心，又夺去了燕国的土地，就偷偷地逃回了燕国。太子丹恨透了秦国，一心要替燕国报仇。但他既不操练兵马，也不打算联络诸侯共同抗秦，却把燕国的命运寄托在刺客身上。他把家产全部拿出来，寻找能刺杀秦王嬴政的刺客。

田光为了劝说荆轲去给太子丹效力，用自杀的方式来激励荆轲。荆轲见到了太子丹，告诉他田光去世的事情，太子丹很伤心。荆轲决定为太子丹效命，太子丹专门为他修建了一所非常漂亮的房子，叫荆馆。还把自己的车马让给荆轲坐，把自己的饭食、衣服分给荆轲一起享用，并将自己的妹妹明仪公主嫁给他，荆轲很感激太子丹。

就在这时，秦国的将军王翦攻破了赵国，俘虏了赵王，占领了赵国的国土，接着一直向北进军，很快就到达了燕国南部的边界。

太子丹十分焦急，就请求荆轲说："秦军马上就要渡过易水，虽然我很想长久地侍奉您，但在这种情况下，我又怎么能够做得到呢？"荆轲说："不用太子说，我也要来同您讲了。只是我现在没有任何凭信物品，空手去见秦王，那就无法接近他。听说秦王早想得到燕国最肥沃的土地督亢（在河北涿县一带）。还有现在流亡在燕国的，原来担任秦国将军的樊於期，秦王正在悬赏通缉他。我要是能拿着樊将军的人头和督亢的地图去献给秦王，他一定会高兴地接见我。这样，我就有办法对付他了。"

太子丹说："督亢的地图好办，但是樊将军在走投无路、处境困窘的时候来投奔我，你让我现在去伤害他，我做不到，还希望您考虑其他的办法吧！"

荆轲知道太子丹心里不忍，就私下去找樊於期，和樊於期说："我有一个计策，不仅可以解除燕国的忧患，还能替将军报仇，可就是说不出口。"

樊於期连忙问："什么主意，你快说啊！"

荆轲说："我决定去行刺秦王，但就怕见不到秦王的面。现在听说秦王正用一千斤黄金和一万户的封地作奖赏来购买将军的人头，如果我能够带着你的头颅去献给他，他一定会接见我。等他接见我的时候，我就左手抓住他的衣袖，右手拿剑刺他的胸膛。这样，将军的仇报了，燕国被欺侮的耻辱也除掉了。不知道将军是否有这个心意呢？"

樊於期说："好，我成全你吧！"说着，就拔出宝剑自杀了。

太子丹听说了这件事，赶忙跑去，伏在樊於期的尸体上大哭。但人死不能复生，于是就收拾好樊於期的头颅，把它装在盒子里。

太子丹事前准备了一把锋利的匕首，又叫工匠用毒药煮过。只要被这把匕首刺中流血，人就会立刻死去。他把这把匕首送给荆轲作为行刺的武器。又安排了一个叫秦舞阳的勇士，让他做荆轲的助手。

公元前 227 年，荆轲从燕国出发到咸阳去。太子和知道这件事的宾客，都穿着白衣，戴着白帽，到易水（在今河北易县）边为他送行。临别的时候，高渐离敲着筑，荆轲给大家唱了一首歌："风声萧萧地悲鸣啊，易水彻骨地寒冷，壮士这一离去啊，就永远不再回来！"大家听了他悲壮的歌声，都伤心地流下眼泪。荆轲拉着秦舞阳跳上车，始终不曾回头看一眼。

秦王嬴政听说燕国使者把樊於期的头颅和督亢的地图送来了，十分高兴，于是穿好礼服，在咸阳宫接见荆轲。

荆轲捧着装了樊於期头颅的盒子，秦舞阳捧着装了督亢地图的盒子，一步步走上秦国朝堂的台阶。到达殿前的台阶下，秦舞阳脸色都变了，害怕得发抖。

门前的侍卫见他这副模样，厉声问道："使者为什么变了脸色？"

荆轲回头对秦舞阳笑了笑，赔罪对秦王说："北方蛮夷地区粗野的人，从来没见过大王的威严，所以害怕，希望大王能原谅他。"

然后荆轲捧着木匣献给秦王。秦王打开木匣，果然是樊於期的头颅。秦王又叫荆轲把地图献上来。荆轲从秦舞阳手里接过地图，走上前把一卷地图慢慢打开，等到地图完全打开时，预先卷在地图里的匕首就露出来了。

于是荆轲左手抓住秦王的衣袖，右手拿着匕首向秦王胸口直刺过去。秦王使劲地向后转身，把袖子都挣断了。当时秦王心里又怕又急，连剑都拔不出来。

荆轲追着秦王，秦王绕着朝堂上的铜柱子奔跑。秦国的君臣都惊呆了，大家都失去了常态。台阶下的武士，按照秦国的法律，没有君王的命令不能上殿。正在危急的时候，秦王的随从医官夏无且急中生智，用他手里捧着的药袋向荆轲抛去。在荆轲用手挡药袋的时候，秦王拔出了宝剑，砍伤了荆轲的左大腿。荆轲倒地了，他拿匕首直向秦王扔过去，没有击中，宝剑打在铜柱上。秦王又上前向荆轲砍了几剑，荆轲被砍伤了八处。

荆轲知道行刺行动失败了，他靠着柱子张开双腿坐在地上，怒骂秦王："事情没有成功，是因为想生擒你，逼你退还燕国的土地啊!"

这时候，台阶下的武士也一起赶上殿来，将荆轲乱剑刺死。秦王还将他的尸体剁成肉酱，埋在秦国各地。台阶下的那个秦舞阳，也早就给武士们杀了。

为了纪念荆轲，燕国的百姓就在他住过的荆馆旁边的小山上，修了一座荆轲塔。荆轲的尸首没有了，就把他的帽子衣服等物品放在了里面。

荆轲刺秦王事件后，秦王嬴政派大将王翦领军攻打燕国。燕王喜和代王嘉联合抵抗秦军，兵败易水河边。王翦乘势攻取了燕国都城蓟，燕王喜逃到了辽东，秦王设计杀掉了太子丹。最终燕国被秦国消灭，燕王喜也成了俘虏。

统一六国

秦始皇嬴政，是秦国庄襄王的儿子。他 13 岁即王位，39 岁称帝。

战国末年，秦国在诸侯国中的实力最强大，已经具备了统一六国的条件。秦王嬴政刚登上王位时，秦国的国相是吕不韦。秦国在吕不韦的治理下，政治稳定，经济繁荣，文化发达。公元前 238 年，秦王嬴政亲理国事，并重用尉缭、李斯等人，帮助治理国家。

秦王嬴政采取远交近攻、分化离间的策略，发动了秦灭六国的战争。自公元前 230 年到公元前 221 年，经过近 10 年的征战，先后灭韩、魏、楚、燕、赵、齐六国，结束了中国数百年来分裂割据的局面，建立了中国历史上第一个统一的、多民族的、专制主义中央集权制国家——秦朝。

统一中国之后，秦王嬴政第一件想做的事情，就是要重新给自己确定一个称号。他认为过去的称号"君""王""帝"等都不足以显示自己的尊崇。他创立了"皇帝"的尊号，自称始皇帝，宣布子孙称二世、三世，以至万世，代代承袭。从此，"皇帝"就成为中国最高统治者的称谓。

为了有效地管理国家，也为了替子孙万代奠定基业，秦始皇吸取了战国时期设置官职的具体经验，建立了一套相当完整的中央集权制度和政权机构。在中央设置丞相、太尉、御史大夫等官职，负责和皇帝讨论国家大事，由皇帝作裁决。在地方上废除分封制度，改行郡县制。郡县的主要官吏都由中央任免。

在经济上推行重农抑商的政策，扶植封建土地私有制的发展。始皇三十一年（公元前 216 年），下令占有土地的地主和自耕农只要向政府申报土地数额，交纳赋税，他的土地所有权就能得到政府的承认和保护。

秦始皇还统一了文字和度量衡。他下令统一和简化文字，制定了一种新字体，这便是“小篆”，后又作更趋简化的隶书。小篆笔画较简单，形体较规范，便于书写。它的出现是汉字发展史上的一大进步。他又以商鞅所制定的度量衡为标准统一全国的度量衡制度。他还统一了全国的货币制度。

秦灭六国之后，就开始修筑长城，用以防御北方匈奴的进攻。他把战国时秦、赵、燕三国北边的长城连接起来，修筑了西起临洮（今甘肃岷县），东至辽东的万里长城。

从公元前 222 年开始，秦始皇开始大力修筑以国都咸阳为中心，向四面八方延伸出去的驰道，类似现代的高速公路，使得国内的交通大为改善。为方便运送征讨岭南所需的军队和物资，命史禄开凿河渠，以沟通长江水系的湘江和珠江水系的漓江，这就是灵渠。两千多年来，灵渠一直是岭南与中原地区之间的水路交通要道。

由于当时社会上百家争鸣，严重地阻碍了秦始皇对原六国民众思想的统一，并威胁到了秦朝的统治。为了统一人民的思想，从公元前 213 年开始，秦始皇下令销毁除秦记以外的所有史书，民间只允许留下关于医药、占卜和种植的书，从而加强了对人们的思想统治。

在秦始皇的统治下，秦国国土迅速扩张。到了秦始皇末年，秦郡的数目由刚开始统一六国时候的 36 郡增加到 40 多个郡，它的区域也“东到大海和朝鲜，西到临洮、羌中，南至北向户，北方据河为塞，一直到达阴山和辽东”。

秦始皇即位不久，便开始派人设计建造秦始皇陵。在统一六国之后，又修建豪华的阿房宫。他还先后进行五次大规模的巡游，在名山胜地刻石纪功，炫耀声威。为求长生不老之药，又派方士徐（即徐福）率童男女数千人至东海求神仙等等，耗费了巨大的财力和人力，加深了人民的苦难。

三十七年，秦始皇巡游到平原津的时候得急病去世。赵高勾结秦始皇的小儿子胡亥和李斯，伪造遗诏册立胡亥为太子，并赐死了原太子扶苏。秦二世胡亥即位后不久，陈胜、吴广领导的农民大起义爆发。秦朝灭亡。

焚书坑儒

公元前221年，秦始皇统一了中国，从此结束了战国割据纷争的局面。

秦王朝确立了专制主义中央集权的封建行政体制后，一些读书人和游士不满秦始皇的改革，开始针对当时的一些社会现象，引用《诗经》《尚书》和其他典籍中的话，讽刺这种现象。

公元前213年，秦始皇在咸阳宫宴请群臣，大臣周青臣乘机拍马称赞秦始皇："以前秦国的疆域只有千里之大，全是因为陛下的圣明，才统一了六国，又收复了西南地区的土地。现在凡是太阳能照耀到的地方的百姓，没有不信服陛下的，老百姓都安居乐业，再也没有战争的痛苦了，以后千秋万代，没有不感谢陛下恩德的呀!"秦始皇听后很高兴。但是大臣淳于越对周青臣的话很反感，他本来就反对中央集权的郡县制，主张根据古代的制度，把土地分封给后代。现在听到周青臣又提出来，就对秦始皇说："殷周两朝能相传上千年，就是由于分封子弟和功臣，并有各国诸侯辅佐。如今秦国已经统一天下，安定海内，却不实行分封制，如果朝廷一旦出现乱臣贼子，企图篡夺王位，有谁来援救呢?"

秦始皇听后非常生气，将淳于越的建议交给群臣去议论。当时任丞相的李斯故意扩大事态，把矛头直接指向了所有的读书人及社会上的学校。他说治理天下本来就没有什么约定俗成的方法。因此他建议秦始皇下令焚书，得到秦始皇的认可后，焚书运动开始了，这是中国文化史上的一场浩劫。当时所焚的书籍包括两部分：一是秦统一六国前各国的历史书，二是百姓私藏的《诗》《书》和诸子百家的著作。至于秦国的史书、国家图书馆收藏的图书和百姓家里的医药、占卜、种植的书，则不在焚烧的范围。政府还要求所禁的书籍都必须在三十天之内上交地方官府焚毁。于是在秦代首都咸阳纵起了焚书的烈火，接着这样的烈火在全国各郡先后被点燃了，大火一直烧了一个月。在这遍及全国的大火中，秦以前的中国古典文献，除自然科学（医药、种树）及神学（占卜文献）以外，几乎全都变成了灰炭。焚书对古代文化典籍是一次极大的破坏。

在焚书事件的第二年，又发生了坑儒事件。这件事是由两个术士的畏罪逃亡引起的。原来，秦始皇晚年为了自己能够长生不老，经常派道士出去寻找仙药。有两个方士叫侯生和卢生的，他们为了追求富贵，也投其所好，去替秦始皇寻求长生不老的仙药。时间长了，眼看骗局就要暴露，按照秦朝法律，得不到仙方或者所献的仙方不灵，方士就要被处死。两位方士就密谋逃跑，在逃跑之前，他们还散布了秦始皇一系列专制独裁的过失，说不能给这样的人求仙药。秦始皇听后大发雷霆，认为自己用优厚的条件对待方士，让他们去求仙药，结果不但没求到长生不死药，反倒还诽谤他。于是派人对咸阳城的读书人严加审问，寻找侯生和卢生。读书人相互告发，一共牵连到四百六十多个人，最后这些人全被活埋在咸阳。

除了坑杀咸阳的四百六十多人外，秦始皇同时还发配了一批人至北方边境。坑儒事件发生后，秦始皇的大儿子扶苏进谏说："如今天下刚刚安定，远方的人民未必心服。这些读书人都是学习孔子的，陛下这么严厉地惩罚他们，我怕天下百姓会因此而恐惧不安。"但是秦始皇根本听不进逆耳的忠言，反而大怒，把扶苏赶出了咸阳，让他到北方蒙恬的军中做监军。

"焚书坑儒"，剥夺了读书人进行学术研究的权利，使他们无以为生。他们忍无可忍，纷纷站到了秦始皇的对立面，有的甚至公开参加了反秦起义军。陈胜起义的时候，山东一带的读书人便毅然参加了陈胜的义军，孔子的八代子孙孔鲋还被陈胜任命为博士。

秦始皇焚书坑儒，以为这样一来可以使天下百姓臣服自己，从而保全万世江山。不料距秦始皇坑儒仅四年时间，秦末农民战争爆发，秦始皇梦想要"传至万世"的基业便土崩瓦解了。

李斯为相

李斯，楚国上蔡（今河南上蔡县）人，是秦代著名的政治家。他在我国历史上声名显赫，功绩显著。李斯年轻时当过小官，后来拜荀子为老师，学习如何治理国家。学业完成以后，他分析了当时的社会形势，认为“楚国不能成就大业，而其他六国都很弱小”，只有秦国具备统一天下，创立帝业的条件，于是他立刻决定到秦国去施展自己的才能与抱负。

公元前 247 年，李斯来到秦国，献上了《论统一书》，劝说秦王抓紧良机，消灭六国，实现天下统一。秦王嬴政很高兴地接受了李斯的建议，先任命李斯为长史，后又拜他为客卿，让他制定吞并六国、统一天下的策略和部署。

李斯受到秦王政的重用后，用了十年的时间，辅佐秦王嬴政先后灭了六国，完成了统一大业。秦朝建立以后，李斯担任秦国的丞相。他又积极协助秦始皇建立和加强中央集权统治，巩固秦的统一。

他建议秦始皇废除分封制，实行郡县制。把全国分为 36

郡（后增加到41郡），郡下设县、乡，归中央直接统辖，官吏由中央任免。在中央设置不同的官员，分管国家大事。这一整套封建中央集权制度，从根本上铲除了诸侯王国分裂割据的祸根，对巩固国家统一，促进社会发展起了积极作用。这一制度在秦以后的封建社会里一直沿用了近两千年。

秦统一六国后，由于过去各诸侯国长期分裂割据，语言、文字有很大的差异，对于国家的统一和经济、文化的发展极端不利。李斯向秦始皇提出了统一文字的建议，并亲自主持这一工作，他以秦国文字为基础，废除异体字，简化字形，整理部首，形成了笔画比较简单、形体较为规范，而且便于书写的小篆（也称秦篆和斯篆），作为标准文字。他还亲自用小篆书写了一部《仓颉篇》，作为范本，推行全国。小篆的出现是汉字发展史上的一大进步。令人遗憾的是，李斯的手书已经大多失传了。李斯还在统一法律、货币、度量衡和车轨等方面做出了重大贡献。

为了加强文化统治，李斯提出了著名的《焚书仪》，下令焚书。他建议焚毁秦国历史以外的各诸侯国史书和私人收藏的《诗》《书》以及诸子百家的著作等书籍；只保留国家图书馆的藏书和农书、医书。秦始皇采纳了李斯的建议，大批的书籍被付之一炬。这可以说是李斯犯的一件历史大罪。

公元前210年，秦始皇死后，李斯为保全个人利益，和胡亥、赵高合谋，伪造诏书，立胡亥为太子；又伪造秦始皇的书信一封，派使者送给原太子扶苏和大将蒙恬，令他二人自杀。

胡亥篡得皇位后，重用赵高，而赵高为夺取更大的权力，一心要除掉李斯。因此，他千方百计在二世面前陷害李斯，说李斯和他的儿子李由私通“盗贼”，想造反。秦二世听了赵高的话，便将李斯逮捕入狱。赵高借机对李斯严刑拷打，李斯被迫承认谋反。

身陷牢狱的李斯很感慨，他说：“以前，夏桀杀了关龙逢、商纣杀了比干、夫差杀了伍子胥。这样的三个忠臣都不免一死，何况我的才智不及他们，而秦二世胡亥的昏庸无道还要胜过夏桀、商纣、夫差。我以一个忠臣的名义死去，也算死得其所吧。”李斯在狱中多次上书，但都被赵高扣留。秦二世二年（公元前 208 年）七月，李斯被判处谋反罪。

公元前 208 年初冬，李斯全家被押赴刑场。他悔恨交加，却为时已晚。李斯回过头来看了看他的儿子，说：“我想跟你一起，再牵着黄狗到野外去捉捕野兔，还能办得到吗?”说完，父子两人抱头痛哭。就在这一天，李斯在咸阳街头被腰斩，一家大小全被杀害。

忠信蒙恬

蒙恬的祖先是齐国人。他的祖父蒙骜从齐国来到秦国为秦昭王效劳，官拜上卿。在秦始皇统一中国的大业中，蒙恬的祖父蒙骜、父亲蒙武，都是秦国著名的将领。他们为秦国攻城夺地，出生入死，为秦国疆土的开拓，为始皇统一中国，立下了汗马功劳。因此，秦始皇对蒙氏家族非常信任和器重。到了蒙恬这一代更是青出于蓝而胜于蓝。蒙恬兄弟二人，一个负责对外军事，一个谋划国内政事，在秦国享有忠信为国的美名。

秦消灭韩、赵、魏后，开始出兵攻打楚国。秦始皇任命李信为将军，蒙恬为副将，率二十万军队攻打楚国。始皇二十三年，大军开出咸阳，李信和蒙恬兵分两路讨伐楚国。战争刚刚开始，李信率领的东路军和蒙恬率领的西路军就一路高歌猛进，一直进攻到楚国的中心地带。楚将项燕带领军队进行了顽强抵抗。有一次，楚军发动了突然袭击，李信没有防备，被楚军打败了。这时，蒙恬展现出他的大将风度，他一路收拢李信的败军，不慌不忙、从容不迫地安排军队有秩序地撤退。项燕看到秦军严整有序地退兵，觉得无法轻易击败秦军，于是停止追击，这样蒙恬率领着秦军剩余部队安全离开楚境回到国内。

始皇二十六年，秦国发兵攻打齐国，蒙恬再次随军出征。三军将领是王翦的儿子王贲，但是攻齐的总体战略规划是由蒙恬策划完成的。蒙恬吸取了攻打楚国失败的教训，他指挥部队不在西线和齐军主力纠缠，而是绕过齐国西部边境的坚固防线，从原燕国的南面进攻齐国。攻打齐国的战争进展得很顺利，秦军几乎没有遭到任何抵抗就攻到了临淄城下。齐王建放弃了抵抗，开城投降了。随着齐国的灭亡，秦国统一了中国。

在秦国统一中原的同时，北方匈奴族乘机跨过黄河，占领了河套以南的大片土地，直接威胁着秦都咸阳的安全。于是，秦始皇派大将蒙恬北上抗击匈奴。

公元前 215 年，秦始皇任命蒙恬为统帅，统领 30 万秦军抗击匈奴。蒙恬在驻地扎下大营后，一边派人侦察匈奴的兵情，一边亲自翻山越岭察看地形。和匈奴的第一次交战，蒙恬率领的军队就以锐不可当的破竹之势，杀得匈奴人仰马翻，溃不成军。公元前 214 年的春天，秦朝和匈奴之间又爆发了一次决战性质的战争。双方在黄河以北展开了激烈的拉锯战，匈奴的主力部队遭受重创。最后匈奴人被彻底打败，一直退守到大漠以北七百里处。此后，匈奴几十年都不敢骚扰中原地区。这次战斗，给北方带来了十几年安定的社会环境，为河套地区的开发创造了条件。

蒙恬打败匈奴后，带兵继续坚守边境。他用城墙来阻止匈奴骑兵的侵犯。蒙恬调动了几十万军队和百姓共同在北方边境修筑长城，又把战国时秦、赵、燕三国北边的防护城墙连接起来，并重新加以整修和加固。在修建长城的同时，蒙恬还沿黄河河套一带设置了44个县，统称九原郡。他还建立了一套治理边防的行政机构。公元前211年，蒙恬发配了三万多名罪犯到兆河、榆中一带进行开荒种地，发展农业经济，加强军事后备力量。这些措施对于边防的加强，起到了积极的作用。

蒙恬的弟弟蒙毅因为法治严明，得罪了内侍赵高，于是兄弟两人成为赵高的心腹之患。

公元前210年冬，秦始皇嬴政巡游会稽途中患病，派身边的蒙毅去祭祀山川祈福。不久，秦始皇在沙丘病死。赵高担心扶苏继位，蒙恬得到重用，对自己不利，就和李斯、胡亥密谋，假造遗诏篡夺了帝位。然后，赵高派遣使者威逼太子扶苏、蒙恬自杀。

临死之前，蒙恬说："从我的祖先开始到现在，为秦国建立了很多的功劳。蒙氏家族树立威信，也已经三代了。现在我领兵三十多万，虽然已被囚禁，但是，我的势力足够背叛秦国。现在我坚守气节受死，是不敢辱没祖宗的教诲，不敢忘掉先皇的恩宠啊！"于是吞下毒药自杀了。

三军将士得知蒙恬死后，都为他感到悲愤。他们用战袍兜土，把蒙恬葬在绥德城西，与太子扶苏的墓地遥遥相望。

赵高弄权

赵高本是赵国的贵族后代，因为犯罪被判了刑，秦灭赵后，赵高被押送往秦国。秦始皇听说他身强力大，又精通法律，便提拔他为中车府令，掌管皇帝车马，又让他教自己的小儿子胡亥审理案件。由于赵高善于察言观色、拍马溜须，因而很快就博得了秦始皇和胡亥的赏识和信任。

秦始皇死后，赵高和李斯合谋，假造始皇诏书，逼迫秦始皇的大儿子扶苏自杀，然后拥立胡亥当了二世皇帝，并任命自己为郎中令，辅佐二世掌管天下。

为了巩固自己的政治地位，赵高残害忠良，任人唯亲。他对在朝的大臣们威胁恐吓，实行顺我者昌、逆我者亡的独裁政治，大将蒙毅、蒙恬在赵高的陷害下自杀身亡。他还将谋杀的矛头转向了秦朝的宗室，杀掉了胡亥的 12 个兄弟，碾死了 10 名公主。在排挤陷害敢于直言进谏的官员后，他又在朝中安插了大批的亲信，他的兄弟、女婿都当上了大官。

为了堵塞大臣们的议论，防止二世和其他人接触，进一步把他控制于股掌间，赵高编造谎言说："皇帝之所以身份尊贵，就在于要随时保持自己的威仪，让人们只听到他的声音，而看不到他本人。陛下年纪还轻，如果在众臣面前不经意地暴露了弱点，恐怕会被天下人耻笑啊。所以陛下不如就在皇宫里面处理朝政大事，让我们这些做臣子的在您的身旁辅佐。这样，人人都会称颂皇上您的圣明啊。"昏庸无知的胡亥乐得把朝廷大事交给赵高代理，于是不再上朝，一味寻欢作乐，决断之权落到了赵高的手中。

随着权力的不断扩大，赵高的野心也不断地膨胀。他不再满足于只做一名郎中令，而将眼光转向了一人之下、万人之上的丞相宝座。因此，除掉李斯成了他的首要任务。在赵高的精心策划下，李斯被诬陷成谋反罪，被处以腰斩。

李斯死后，赵高名正言顺地当上了丞相，事无大小，都完全由他决断，几乎成了太上皇。权力欲极强的他，渐渐不把二世胡亥放在眼中了。一天，赵高趁群臣朝贺之时，命人牵来一头鹿献给胡亥，说："我献一匹马给陛下赏玩。"胡亥虽然糊涂，但鹿和马还是分得清的。他放声大笑："丞相错了，这明明是头鹿，怎么说是马呢？"

赵高板起脸，一本正经地问身边的大臣："你们说这是鹿还是马？"围观的大臣，有的害怕赵高的淫威，沉默不语；有的习惯拍马，忙说是马；有的弄不清赵高的意图，说了真话。胡亥见大家的说法不一致，以为自己冲撞了神灵，才会认马为鹿，于是召来太卜算卦。太卜说："陛下祭祀时没有斋戒沐浴，因此导致了这样的情况。"胡亥信以为真，便在赵高的安排下，打着斋戒的幌子，躲进上林苑游猎去了。二世一走，赵高便将那些敢于说“鹿”的人纷纷杀害了。

秦二世三年八月，刘邦攻下武关后，为了早日攻下咸阳，便派人暗中与赵高联系，希望赵高能做内应。赵高担心胡亥知道后祸及自己，便称病不上朝，私下里盘算着乘乱夺取皇位。于是他秘密和弟弟赵成、女婿阎乐商量对策，制定了杀害二世，发动政变的计划。乘着二世斋戒的机会，赵高假传诏令发兵攻打咸阳，秦二世胡亥在他的逼迫下自杀。

赵高原打算自己登基做皇帝，但是文武百官都不顺从，他只得临时改变了主意，将皇位传给了扶苏的长子子婴。

子婴早在当公子期间，就已经耳闻目睹了赵高的种种罪行。现在被赵高推上王位，知道自己不过是一个傀儡而已。子婴牢记胡亥失败的教训，便和自己的贴身太监韩谈设计砍死了赵高。随后子婴召集文武百官进宫，历数了赵高的罪过，并灭掉了他的三族，即父族、母族、妻族。

陈吴起义

陈胜、吴广起义是秦朝末年爆发的中国历史上第一次大规模的农民起义。

公元前210年，秦始皇外出巡游到沙丘（今河北平乡、广宗一带）时，突然病死。大臣赵高伪造了秦始皇的“遗诏”，逼死太子扶苏，册立秦始皇的小儿子胡亥为皇帝，这就是秦二世。

秦二世胡亥是个昏庸而且非常残忍的皇帝。他在埋葬秦始皇的时候，竟然下令把后宫没有子女的宫女全部殉葬，又怕泄露陵墓内的秘密，把修陵的工匠也活埋了。

秦二世没有治理国家的才能，却制定了非常残酷的法律，加重对老百姓的剥削。他饲养了大量的狗、马等牲畜，以供他在打猎时使用。由于咸阳的粮草不够牲畜食用，他就逼迫各县的老百姓运送。运输粮草的百姓，还要自带干粮，不许吃咸阳三百里以内的粮食。这将农民推入了死亡的绝境。

在社会矛盾激化的同时，秦朝统治阶级内部的斗争也十分激烈。秦二世为了巩固自己的地位，不仅杀死了蒙恬、冯去疾等正直的大臣，而且杀害了自己的兄弟姐妹二十多人，因此人心很不稳定。这样，原来六国的旧贵族势力便乘机进行分裂活动。

公元前209年，秦二世下令让淮河流域的九百名贫苦农民到渔阳（今北京密云）去戍守。在这群人中，长工出身的陈胜和农民出身的吴广被任命为队长。他们在两名官吏的押送下，日夜兼程地赶往驻地。当他们走到蕲县大泽乡（现在安徽宿县西南）的时候，接连几天都下着大雨，道路泥泞，他们无法继续赶路，这样也就不能准时赶到渔阳地区了。按照秦朝的法律，耽误了时间大家都要被处死。无法生存的人们在陈胜和吴广的领导下被迫反抗。

陈胜、吴广为了说服众人跟随他们反秦，事先将写有“陈胜王”三个鲜红大字的手帕塞进了鱼肚子中，卫士们从集市上买回鱼后见了这三个字，都感到很诧异，一时间“陈胜为王”的说法在驻地传开了。这就是“鱼腹丹书”的传说故事。吴广又利用傍晚天黑作掩护，躲藏在驻地旁边的树林中点起篝火，并学狐狸叫喊，在火光闪烁和狐狸的叫声中还夹杂着念叨几个字，大家隐隐约约听见说的是“大楚兴起，陈胜为王”几个字，于是大家就更加相信这是神灵的力量在支持陈胜为王了。这就是“篝火狐鸣”的传说故事。陈胜、吴广利用人们对鬼神的信仰，获取了人们的信任和支持。

陈胜和吴广又找机会把负责押送他们的官吏杀死，然后对大家说：“各位遇到大雨，都已经耽误了行程，耽误了行程就要被处死；而且就算我们不被杀死，去守卫边疆的话，死的可能性也很大。与其这样去死，不如干出一番轰轰烈烈的事业来!”他的话激励了所有人的斗志。于是大家推举陈胜为将军，吴广为都尉，用秦始皇长子扶苏和楚国将军项燕的名义号召群众起义。

陈胜、吴广率领的农民起义军，首先占领了大泽乡，接着又攻下了蕲县，很快占领了邻近的几个县城。起义军经过的地方，贫苦农民纷纷响应。当起义大军开进陈县（今河南淮阳）的时候，已经是拥有战车六七百辆，骑兵一千多人，步兵好几万人的队伍了。

在起义军的影响下，许多州县的农民都杀掉县官，响应陈胜。由于陈胜和吴广都是河南人，他们率领起义军最后攻占了陈县（现在的河南淮阳），建立了自己的政权"张楚"，陈胜宣布自己为王，这就是中国历史上第一个农民革命政权。

陈县成为全国农民起义的中心。起义军乘胜前进，兵分三路进攻秦朝。吴广被任命为"假王"，从西面进攻荥阳；大将武臣从背面攻击赵地；魏人周市进攻魏池。由于吴广围攻荥阳，攻了很久都没有攻下，陈胜又任命周文为将军，领军绕过荥阳，进攻关中，攻破了函谷关。这时起义军已发展壮大到几十万人，有兵车一千多辆。

起义军一直打到离咸阳只有一百来里的戏（今陕西临潼东北），秦二世连忙把修建骊山陵墓的几十万囚徒和奴隶编成军队来迎战。由于起义军缺乏战斗经验，面对人数众多的秦朝军队，接连打了几个败仗，起义军被迫退出函谷关。

随着反秦斗争的开展，起义军内部的弱点和矛盾也逐步暴露。陈胜渐渐产生了骄傲轻敌的情绪，他还听信谗言，和起义群众的关系不断疏远。同时，派往各地的将领也不再听从他的指挥，甚至为了争权夺利而互相残杀。围攻荥阳的起义军将领田臧因为和吴广的意见不统一，竟然假借陈胜的命令杀死了吴广。吴广死后，起义军军心涣散。秦将章邯乘机率领大军进攻，田臧战败被杀死。分散在其他各地的几支起义军，也先后被秦军打败。

公元前 209 年 12 月，章邯率领大军攻打陈县，陈胜亲自领导起义军奋力抵抗。因为兵力太少，被打败了，起义军退到下城父（今安徽涡阳东南）。这时，陈胜的车夫庄贾暗杀了他，投降了秦军。陈胜的部下吕臣等人一直坚持斗争。吕臣率领的“苍头军”对秦军进行了反攻，两次收复了陈县，最后处死了叛徒庄贾。这支起义军，后来与项羽、刘邦等人领导的起义军会合到一起，继续同秦军战斗。

公元前 206 年，秦王朝在农民起义军的沉重打击下灭亡了。

陈胜、吴广领导的秦末农民大起义虽然不到一年就失败了，但是在中国历史上留下了光辉灿烂的一页。农民军推翻了秦王朝的统治，打击了地主阶级，推动了社会向前发展，开辟了中国古代农民反抗封建统治的革命道路。农民军在斗争中建立了革命的政权，创造了前所未有的历史奇迹，为后世农民起义树立了光辉的榜样。

鸿门宴会

公元前 207 年，项羽在巨鹿打败秦朝主力大军，而这时，刘邦已经率军攻破了秦国都城咸阳。刘邦准备在这里长期居住，后来听从谋士劝谏，将军队安置在咸阳附近的霸上。他封闭秦王宫殿、钱库等重地，并且安抚咸阳百姓。老百姓看见刘邦待人宽容、军纪严肃，非常高兴，都希望刘邦当秦王。

刘邦手下的左司马曹无伤为了讨好项羽，求取封赏，就派人对项羽说："刘邦已经全部占有秦朝的珍宝财物，他准备在关中称王，让子婴做丞相。"项羽听到报告，勃然大怒，率领四十万大军进驻咸阳附近的鸿门（今陕西临潼东），命令手下将士吃饱喝足，准备第二天对刘邦的军队发动突然袭击。项羽的军师范增劝项羽一举消灭刘邦，他说："刘邦以前是个贪财好色的人，现在他进了咸阳后，分文不取，美女也不要，可见是有大图谋的，我们应该乘他没有发展起来就杀了他。"

当时，项羽军队有四十万人，号称百万，刘邦军队有十万人，号称二十万。

项羽的叔叔项伯一直与张良关系密切，张良曾经救过他的命，他不忍心张良在战争中丧命，于是连夜骑马赶到刘邦军队驻地，把这紧急情况告诉了张良。张良听了觉得事态严重，迅速把情况报告给了刘邦。刘邦十分害怕，让张良将项伯请进大帐。刘邦亲自为项伯敬酒，表示愿意以子女与项伯的子女通婚，并再三解释自己进入关中以后，封锁府库关口，只是为了防备盗贼，自己日夜盼望项羽前来，丝毫没有背叛项羽的意思。刘邦又请求项伯在项羽面前为他说情，项伯一口答应，并且叮嘱刘邦第二天早晨亲自到项羽军中说明情况，向项羽赔礼。

第二天早晨，刘邦率领张良、樊哙和一百多个随从，到鸿门来见项羽。刘邦毕恭毕敬地说："我与将军同心协力进攻秦国，将军在河北，我在河南，没有想到我先进入了关中。今天在这儿和将军相见，真是件令人高兴的事。现在一定有小人挑拨，使将军对我产生了误会，这实在太不幸了。"

项羽见刘邦这样低声下气地对他说话，满肚子的气消了一大半，不假思索地说："你的左司马曹无伤说你要背叛我们自立为王，不然的话，我哪里要攻打你。"

当天，项羽就留刘邦在军营喝酒，范增、项伯和张良在旁边作陪。在酒席上，范增一再向项羽使眼色，示意项羽杀掉刘邦，并且举起他身上佩带的玉玦（音 jué，古代一种佩戴用的玉器），要项羽下决心，项羽都不理会，只当没看见。范增出来找到项羽的堂兄弟项庄，说："大王心肠太软。你进去给他们敬酒，然后假称舞剑，寻找机会把刘邦杀了。"项庄舞剑时，项伯看出项庄舞剑的用意是想杀刘邦，于是也拔出佩剑，和他对舞。项伯始终站在刘邦面前，用身子护住刘邦，使项庄一直没有机会刺杀刘邦。

张良见形势危急，连忙到军营大门口寻找樊哙，对樊哙说：“项庄正在舞剑，看来他们要对沛公下手了。”樊哙听完，左手握盾，右手持剑，快步闯进项羽营中。卫士前来阻挡，樊哙拿盾牌一顶，就把卫士撞倒在地上。樊哙闯进大帐，怒视项羽，头发像要往上直竖起来，眼睛瞪得大大的，连眼角都要裂开了。项羽心中一惊，按剑起身问道：“这是什么人，到这儿干么？”张良替他回答说：“这是替沛公驾车的樊哙。”

项羽夸赞说：“好一个壮士！赏酒！”手下人端过来一斗酒，樊哙拜谢，站起后一饮而尽。项羽冷冷地看着他，说：“赐给他猪腿！”手下人拿过来一只生猪腿，递给樊哙。樊哙把盾扣到地上，将猪腿放到盾面之上，用剑切碎吃光。项羽微微一笑，问道：“壮士还能再饮酒吗？”樊哙大声回答：“臣死都不怕，一斗酒算什么！秦朝荒淫无道，天下百姓造反。楚怀王与各路将领约定，首先推翻秦朝攻入咸阳的封王！现在沛公首先推翻秦朝，攻入咸阳，可并没有做王。他封了库房，关了宫室，把军队驻在灞上，天天等将军来。像这样劳苦功高，没受到什么赏赐，将军反倒想杀害他。这和刚刚灭亡的秦朝有什么两样呢！”项羽一时没话可以回答，只是随口应道：“坐吧！”樊哙就挨着张良坐下。

过了一会儿，刘邦假称去厕所，走出大帐。樊哙、张良等人随后跟了出来。张良让樊哙等人护送刘邦从小路逃走，自己留下来应付项羽、范增等人。张良估计刘邦已经回到军营，才回到大帐，拿出预先准备好的礼物，向项羽说：“沛公酒量小，刚才喝醉了酒先回去了。叫我奉上白璧一双，献给将军；玉斗一对，送给亚父（“亚父”原是项羽对范增的尊称）。”项羽接过一双白璧，放到座位上。范增接过一双玉斗，放到地上，拔出剑来，砸得粉碎，生气地说：“唉！小子不配谋划大事！将来夺取天下的，必定是刘邦。我们等着做俘虏就是了！”

刘邦回到军营以后，立刻处死了曹无伤。

垓下之围

公元前202年12月，在楚汉战争后期，项羽率领十万大军退到垓下地区，与刘邦展开了历史上有名的垓下决战。

项羽的军队在垓下安营扎寨，士兵越来越少，粮食也快吃完了，刘邦的汉军和韩信、彭越的军队又层层地包围上来。到了夜晚，项羽听到营地四周都响起了楚地的歌谣，十分吃惊，就问身旁的侍卫："难道汉军把楚地都占领了吗？不然，为什么有这么多楚国人在唱歌呢？"项羽连忙披衣起床，一个人郁闷地在军帐中饮酒。喝到悲伤处，项羽就自己作歌吟唱："力能拔山啊豪气压倒一世，天时不利啊骓马也不奔驰。骓马不奔驰啊怎么办，虞姬啊虞姬你怎么办呢！"他唱了一遍又一遍，身边的美人虞姬也同他一起唱。唱着唱着，项羽的眼泪也止不住地流了下来，身边的侍卫也都哭了，没有一个人有勇气抬起头来看他。

于是项羽便骑上战马飞奔出营，手下有八百多名壮士也骑马跟随。项羽趁着黑夜，从南面突破了重重包围。天亮的时候，汉军才察觉项羽已经逃脱，就命令骑兵将领灌婴率领五千骑兵去追赶项羽。等到项羽渡过淮河时，跟在他身边的骑兵只有一百多人了。

项羽一行继续往前奔走，走到阴陵时迷路了，他向路边的一位农夫问路，农夫骗他说："往左拐。"项羽就顺着左边前行，谁知陷入了一片沼泽地里，这样很快就被汉军追上了。项羽又率兵向东走，到了东城的时候，身边只剩下二十八个骑兵了，而追击的汉军骑兵有几千人。项羽估计这回不能逃脱了，对手下骑兵说：“我从起兵打仗到现在已经八年了，亲身经历了七十余次战斗，还从来没有失败过，所以现在能称霸天下。但是今天我却要被困在这里，这是上天要我灭亡，不是我用兵打仗的错误啊。我今天一定要和汉军决一死战，和大家一起痛快地打一仗。我要为各位突出重围，斩杀汉将，砍倒帅旗，让各位知道这是上天要亡我，不是我用兵打仗的错误。”

这是，汉军层层包围了他们，项羽又对他的骑兵说：“让我再为你们斩杀汉军一名将领。”他命令四队骑兵一起向下冲，约定在山的东面分三处集合。于是项羽大声呼喊着向山下的汉军冲去，汉军都溃败逃散，项羽果然斩杀了汉军的一员大将。

当时汉军由赤泉侯杨喜担任骑兵将领，负责追击项羽，项羽瞪着双眼对他大吼一声，赤泉侯杨喜在他的呵斥下惊慌失措，连人带马一直退了好几里地。项羽同他的骑兵在约定的三处地方会合，汉军不知道项羽在哪一处，便把军队分成三部分，重新包围上来。项羽骑马冲了上去，又斩杀了一名汉军都尉，一共杀死了汉军一百多名。项羽聚集自己的骑兵，清点了一下人数，仅仅损失了两个人，然后他问身边的骑兵：“你们看我讲的怎么样？”骑兵们都很佩服地说：“就像大王您说的那样！”

当时，项羽想向东渡过乌江。乌江的亭长把船停在岸边等待项羽。他对项羽说：“虽然江东地方小，但也还有方圆千里的土地，几十万的老百姓，足够您在那里称王啦，请大王快快过江吧。现在只有我这儿有船，汉军即使追到这里，也没有船只渡过江去。”项羽笑了笑说：“这是上天要灭亡我，我还渡江干什么？再说我当初带领江东的八千子民渡过乌江去争夺天下，现在却没有一个人跟着我回来，即使江东的父老兄弟怜惜我而拥护我为王，我又有什么脸去见他们呢？或者即使他们不说，我难道不内心有愧吗？”于是，项羽对亭长说：“我知道您是忠厚的长者，我骑这匹战马五年了，所向无敌，常常日行千里，我不忍心杀掉它，现在就把它赏给你吧！”于是命令骑马的都下马步行，手拿短小轻便的刀剑，和追上来的汉军交战。仅项羽一人就杀死了汉军好几百人。项羽自己也受了重伤。

项羽回头看见汉军骑司马吕马童，说：“你不是我的老朋友吗？”吕马童转过头，对中郎骑将王翳说：“这就是项王！”项羽说：“我听说刘邦为买我的头颅悬赏千金和一万户封地，我就把这份好处送给你吧！”说完就自刎而死了。

项王死后，楚地百姓全都投降了汉王，只有鲁县没有投降。汉王刘邦敬佩鲁县百姓的礼义，没有下令屠城。他拿着项王的人头给鲁地的老百姓看，百姓们这才归顺。

以前，楚怀王曾封项羽为鲁公，等他死后，鲁国又最后才投降。因此，刘邦按照鲁公这一封号的礼仪把项羽安葬在谷城。

韩信拜将

淮阴侯韩信出生在一个普通平民家庭，年轻时家里很穷，又不会做生意维持生活，经常到别人家里蹭饭吃，时间长了，别人都很厌恶他。韩信曾经在下乡县南昌亭长家混了几个月，到吃饭的时间就去亭长家。亭长的老婆不想白白送给他饭吃，有一天她一大早就做饭，躲在被子里把饭吃完了。到了吃饭的时间，韩信去了一看饭已经没了。他知道是什么原因，以后就再也不去亭长家了。

韩信没事就在城北的护城河里钓鱼，很多妇女都在河边洗衣服。有一个女人看韩信几天都没有饭吃，就给他些饭吃，一连几十天都是如此。韩信很感激，对这个女人说："我一定会很好地报答您的。"女人听了很生气，说："大丈夫不能自己谋生，真是可悲。我是可怜你，才给你饭吃，哪是指望你报答我呢！"

淮阴集市中有一个卖肉的年轻人看不惯韩信整天游手好闲，有一次他碰到韩信出来闲逛，就羞辱他说："你虽然长得高大壮实，还喜欢带着刀剑，实际上是个胆小鬼。"这时，围观的人越来越多，卖肉的年轻人也越来越来劲，当众挑衅说："韩信你要是有种，就和我单挑。不然的话，你就从我裤裆里钻过去。"韩信面无表情地看了看他，就真的趴在地上，从他的胯下钻了过去。整个集市的人都嘲笑韩信，以为他胆子真的很小。

等到项梁渡过淮河的时候，韩信毅然参军。项梁失败后，又跟随项羽，被任命为郎中。韩信多次向项羽献策，但都没有被采纳。后来，韩信离开楚国投奔汉王，也没有立下什么功劳，有一次，还因为触犯法律差点儿被处斩。

韩信与萧何交谈过几次，萧何认为韩信是个奇人，很有军事才能。行军到南郑的时候，有很多将领因思念家乡都逃跑了。韩信估计萧何已经多次向汉王推荐过自己，可汉王还是没有重用自己，于是也走了。萧何听说韩信逃跑了，来不及把此事报告给刘邦，就连忙去追赶。有个不明底细的人报告刘邦说："丞相萧何逃跑了。"刘邦气得要死，就像失掉了左右手似的。

隔了一两天，萧何回来见刘邦，汉王又是生气又是喜欢，骂道："哎呀，你怎么也逃跑啊?"萧何说："我不敢逃跑，我是追逃跑的人。""你追回来的是谁?"萧何说："韩信啊。"刘邦又骂道："军官跑掉的有好几十人，你都没有追，反倒去追韩信，你连撒谎也不会吗?"萧何说："像那些军官那样的人是容易得到的，至于像韩信这样的人才，是普天下也找不出第二个来的。大王假如只想做汉中王，当然用不上他；假如想要争夺天下，除了韩信就再也没有可以商量大计的人了。只看大王如何打算罢了。"刘邦说："我也打算回东方去呀，哪里能够老闷在这个鬼地方呢?"萧何说："大王如果决计打回东方去，能够重用韩信，他就会留下来；假如不能重用他，那么，韩信终究还是要跑掉的。"刘邦说："好吧，看在你的面子上，就派他做个将军吧。"萧何说："即使让他做将军，韩信也一定不肯留下来的。"刘邦说："那么，就让他做大将。"萧何说："太好了。"于是刘邦就想叫韩信来拜将。萧何说："大王一向傲慢无礼，今天任命一位大将，就像是呼唤一个小孩子一样，这就难怪韩信要走了。大王如果诚心拜他为大将，就该拣个好日子，按照任命大将的仪式办理，那才行啊！"刘邦答应了。那些军官们听说要拜大将，个个暗自高兴，兴奋得睡不着觉，人人都以为自己会被任命为大将。等到举行拜将仪式的时候，才知道是韩信，全军上下都大吃一惊。

韩信后来果然不负萧何所望，为刘邦夺取天下、建立汉朝立下了汗马功劳，与萧何、张良并称"兴汉三杰"。

有一次，刘邦和韩信讨论各位将领才能的大小。刘邦问韩信："像我自己，能统帅多少士兵啊？"韩信说："陛下你能统帅十万人。"刘邦听了很不高兴，觉得韩信太小瞧自己了，于是又问："那你能统帅多少呢？"韩信回答说："我统帅的士兵越多越好。"刘邦笑着说："统帅的士兵越多越好，那你为什么会被我领导呢？"韩信说："陛下不能统帅士兵，但善于统领将领，这就是我韩信之所以被陛下领导的原因。"刘邦听了又十分高兴。

韩信被封为楚王后，特地把那个给他饭吃的洗衣女人从淮阴请来，当面赠给她一千两黄金表示感谢。

高祖刘邦

刘邦，字季，西汉王朝的开国皇帝，沛郡丰邑人（现在江苏丰县）。刘邦在秦末农民战争中被项羽立为汉王，所以在战胜项羽建国时，定国号为“汉”，定都长安。为了和后来刘秀建都洛阳的“汉”相区别，历史上称之为“西汉”。

刘邦小时候读过一些书，但学问不高。他平时很少帮助家里干农活，他的父亲曾为此多次责备他是个“无赖”。在他的青年时代，秦始皇统一了中国。刘邦通过考试当上了泗水亭长，负责泗水的地方治安。由于工作原因，刘邦和当地的中下级官吏关系非常密切。刘邦仗义豪爽，胸怀大志，待人宽厚，在群众中享有威望，是当时人们公认的沛中豪杰。

秦二世元年（公元前 209 年）七月，陈胜、吴广在大泽乡（今安徽宿县西南）发动起义，并建立了“张楚”政权。刘邦在沛县积极响应，当地的子弟踊跃参加，队伍很快发展到了两三千人。经过连续的战争，公元前 206 年十月，刘邦进入咸阳。楚汉战争爆发，公元前 202 年十二月，经过垓下决战，项羽兵败自杀，刘邦获得了楚汉战争的胜利。

公元前 202 年，刘邦正式称皇帝，为高祖，国号为汉。

刘邦即位后，在继承秦朝制度的基础上，采取了许多重要措施治理国家。

经过长达 8 年的战乱，刚刚建国的汉朝人口不多，而且经济衰弱。因此，汉高祖刘邦首先采取措施，解决劳动力不足的问题。他下令囚犯和流亡的老百姓回到家乡，让士兵复员回家，把因饥饿自卖为奴婢的人都赦免为普通百姓，鼓励老百姓生育。同时，他又调整土地政策，发展农业经济。

在重点发展农业生产的同时，汉高祖也对工商业的政策作了调整，主要措施就是放宽对私人工商业的限制。这样不仅振兴了工商业，也促进了农业生产。

在政治上，除了继续推行秦国确立的郡县制，还分封了一些诸侯王国。在诸侯王国以外，高祖又分封了许多侯国。这些侯国的地位和县相等，大多是封赏给有功的大臣的。这样一来，汉代的地方制度就是郡县制度和诸侯王国并行。

在礼法制度方面，为了维护尊卑等级，高祖还沿用了秦的 20 级爵位制度。同时也改制了新的法律，就是汉代著名的《九章律》。在制定法律的同时，高祖又仿效秦朝建立起一套礼仪制度。

为了保证百姓能有一个安定的环境从事生产，汉高祖还有效地缓和了与匈奴的关系。秦朝灭亡以后，漠北的匈奴乘机南下，重新占据了河套地区。汉朝初年，匈奴不断侵扰汉朝的边境地区。高祖七年，刘邦亲自率兵征讨匈奴，在白登（今山西大同东北）被匈奴 30 余万骑兵围困七昼夜，后来通过贿赂匈奴的阏氏，才得以脱险。这以后，刘邦采用“和亲”的政策，把刘姓宗室的女儿封为公主嫁给冒顿单于，并送给匈奴大批财物，同时开放汉朝和匈奴之间的市场。这样一来，就缓和了汉朝和匈奴的关系。匈奴对中原的骚扰大大减少，双方之间的关系暂时出现了和平的态势，从而给中原人民提供了一个相对安定的生产环境。

为了巩固自己的统治，刘邦又先后消灭了韩信、彭越、英布等异姓王，册封了许多同姓王，稳固了刘氏家族的统治。

通过实行上面的一系列措施，统一的中央集权的封建大帝国又重新建立起来了。汉初的农业生产也大大发展，经济很快得到了恢复。到惠帝、吕后统治时期，老百姓已经是衣食无忧了。到汉武帝初年，出现了“国家和边境的粮仓都装满了，政府国库货物和钱财都有剩余”的经济空前繁荣的景象。

刘邦晚年宠爱戚夫人和她的儿子赵王如意，和吕后关系疏远，几次想废掉吕后所生的太子刘盈（惠帝），册立如意为太子。但因为大臣们的反对，后来只好算了。

高祖十一年，刘邦在平定英布叛乱时被流箭射中，在回长安的路上开始发病，回到长安后病已经很重。高祖十二年（前 195 年），刘邦死在长乐宫，后来葬在长陵，庙号为太祖，谥高皇帝，历史上习惯称他为汉高祖。

刘邦成就了汉王朝 400 多年的基业。在这 400 多年的历史中，形成了中华民族的主体——“汉族”的称谓，并贯延至今。中国也出现了第一个真正的民族大融合、经济大发展、社会大进步的局面。

谋士张良

张良，字子房，河南禹州人，秦末汉初杰出的军事谋略家，与萧何、韩信一起被称为“汉初三杰”。他是为汉高祖刘邦争得天下的第一功臣。刘邦称赞张良说：“夫运筹帷幄之中，决胜千里之外，吾不如子房。”意思是说，张良坐在军营中运用计谋，就能决定千里之外战斗的胜利，我比不上他啊！这句话说明了张良心计多，善用脑，善用兵。

张良出生在贵族世家，从他的祖父开始，接连三代都是战国时期韩国的宰相。到了张良这代，韩国已经衰落，被秦国灭亡了。韩国的灭亡，使张良失去了继承父亲事业的机会，也丧失了显赫荣耀的地位，所以他心里存着亡国亡家的仇恨，并把这种仇恨全部集中在反秦事业上。

青年时代的张良，怀着这种报国复韩的雄心，四处寻访刺客。后来寻找到了一位大力士，还为大力士特意打造了一个重一百二十斤的大铁锤。秦始皇二十九年（前 218 年），始皇到东方巡游，张良和这个大力士暗中埋伏，准备在博浪沙（在今河南原阳县东南）袭击秦始皇，可惜失败了，只击中了随行的车辆。秦始皇很愤怒，命令全国各地大举搜捕，捉拿刺客。为此，张良改名换姓，逃亡到下邳（今江苏睢宁西北）躲藏起来。

有一次，张良到下邳的桥上随意散步，遇到一个穿粗布短衣的老人，走到张良面前，故意让鞋子掉到桥下，对张良说：“年轻人，帮我把鞋子拣起来！”张良感到惊讶，想揍他一顿，因为见他年纪大了，勉强忍住，把鞋子拣了上来。老人又对他说："帮我把鞋穿上！"张良更是气愤，但想到既然已经给他拣了鞋子，索性就帮老人把鞋穿上了。老人穿上鞋后，笑着离开了。张良十分惊讶，看着老人离开的方向。老人离开一会儿又返回，说道："这个年轻人还是可以教育的。五天后的天亮时分，你来这里见我。"张良答应了。

五天后天刚亮，张良就去了。老人家已经到了那里，他生气地对张良说："和年纪大的人约会，你反而来得晚，为什么呢？"说完就准备离开了，又对他说："五天后早一点来。"又过了五天，张良不到半夜就去了。过了一会老人也来了，高兴地说："就应当这样。"随即拿出一本书送给他，然后老人一言不发地离开了。从此张良再也没有见过这位老人。天亮后看那本书，原来是《太公兵法》，张良觉得它不寻常，便经常诵读。

十年后，陈胜、吴广起义，张良也聚集了一百多个青年起义，在下邳西面和已被推举为沛公的刘邦相遇，便归附了他。刘邦攻下下邳后，封张良为将，随同自己作战。张良多次用《太公兵法》的道理向刘邦献计，刘邦很赏识，经常采用他的计策，从此张良便一直跟随刘邦。

当时项羽驻兵鸿门，邀请刘邦相见，刘邦心里很矛盾。张良安慰他说："沛公，明天您在宴会上一定要坚持对项王说自己没有不顾道义。虽然楚怀王有话在先，谁先进关中，谁就可做关中王，但是您先入了宫，咸阳宫里的所有物品，您一样都没动。您保持原样，就是为了等着项王来。"

看到刘邦神情有些放松，张良继续说："俗话说，'迎面不打笑脸人’。您对项王就一味地笑脸相迎。再说，我就坐在您身边，到时有什么变故您可看我的脸色行事。”一番话，把刘邦所有的顾虑全打消了，胆子也大了不少。

刘邦和项羽签订了盟约后，张良又劝说刘邦尽快消灭项羽。他对刘邦说：“现在项王虎落平原，正是灭掉他的大好机会，不要‘放虎归山’啊。”刘邦怕天下人耻笑他违背道义而不想动手。张良反问他：“成就大事的人要不拘小节，只要把项王灭掉，天下就是您的了，还有谁敢说您背约呢?”一句话提醒了刘邦。于是刘邦二话没说，通过垓下战争迫使项羽自杀了。

刘邦统一天下后，在汉高祖六年正月分封有功的大臣。他在宴会上说：“张良虽然没有冲锋陷阵的战功，但是在军帐中出谋划策，使千里之外的战争获得胜利，这就是张良的功劳。”他让张良在最富饶的原齐国（今山东）境内选择三万户作为自己的封地。但是张良十分谦让，只要求刘邦把原来两人相遇的留县（今江苏沛县东南）地区封给自己。

刘邦称帝后，一直觉得吕后所生的太子刘盈（即后来的惠帝）性格懦弱，不像自己，而喜爱戚姬所生的儿子赵王如意，因此屡次想废掉太子刘盈另立如意为太子。大臣叔孙通、周昌等为了这件事和刘邦据理力争，但都没得到高祖的肯定。吕后很担心，想尽一切办法都没用，最后恳请张良出主意。在张良的建议下，太子刘盈邀请到了刘邦很想结交但却一直没有请到的四位很有名望的贤人。高祖见到四贤伴随在太子身边，心里很高兴。他看到太子刘盈能得到如此有名望的人拥护，也就放弃了另立太子的想法。

后来，张良以体弱多病为借口，辞官隐居，闭门不出，专心研究道学，崇尚黄老学说。传说他后来做了云游天下的神仙。

请君入瓮

陈平小时候，家中十分贫困，可他又偏偏喜欢读书，尤其喜欢黄帝、老子的学说。陈平的哥哥陈伯见陈平喜欢交游，便承担了家中的全部劳动，使陈平有时间到外面去学习。陈平的嫂子见陈平不顾家庭，不从事劳动生产，很不满，说："有这样的小叔子，还不如没有。"陈伯听到这些话，就把他的妻子休弃了。

有一年，乡里举行祭祀土地神的仪式，人们推举陈平主持仪式，并为大家分肉。陈平把肉一块块分得十分均匀。乡里的父老乡亲们纷纷赞扬他说："陈平这孩子分祭肉，分得真好，太称职了！"陈平却感慨地说："假使我陈平能有机会治理天下，也能像分肉一样称职。"

陈平长大成人了，到了该娶媳妇的年龄了，富有的人家没有谁肯把女儿嫁给他的。当时县里有个叫张负的富人，他的孙女嫁了五次，丈夫都死了，没有人再敢娶她，陈平却想娶她。有一次，张负见到陈平高大魁梧，相貌不凡，特别喜欢他。张负跟着陈平到了陈家，陈家在靠近外城城墙的一个偏僻小巷子里，家里连门都没有，就拿一张破席子当门，但门外却有很多贵人留下的车轮印迹。张负回家后，对他的儿子说："我打算把孙女嫁给陈平。"儿子说："陈平又穷又不从事生产劳动，全县的人都耻笑他的所作所为，为什么偏把女儿嫁给他？"张负说："哪有仪表堂堂像陈平这样的人会长久贫寒卑贱呢？"终于将孙女嫁给了陈平。因为陈平穷，张家就借钱给他送聘礼，还给他钱办酒宴。张负告诫他的孙女说：“不要因为陈家穷，就觉得委屈，对陈平和他的家人不尽心。”陈平娶了张家女子以后，资产一天天增加了，交游也越来越广。

后来，陈平参加了刘邦的军队，为刘邦出谋划策，立下了大功。

公元前202年2月，刘邦登帝位，史称汉高祖。封韩信为楚王。不久就有人上书告发楚王韩信谋反。刘邦就召集各位将领，询问怎么来处理这件事。大多数将领都说：“赶紧发兵，活埋这个忘恩负义的小子！”高祖知道这些并不是好主意，就没有吭声。

当时，张良已经借口有病而功成身退了，只有陈平依然是刘邦身边最重要的谋士。刘邦便向陈平请教。陈平开始不肯出主意，直到刘邦再三追问，并说：“我打算派兵前去讨伐他，你看怎么样？”

陈平沉着地反问道：“有人上书告发韩信造反的这件事，还有人知道吗？”

刘邦说：“没人知道。”

“那韩信自己知道吗？”

“也不知道。”

陈平低头沉思了一会儿，又问：“陛下的军队比韩信的军队更厉害吗？”

刘邦回答：“不见得。”

陈平又问：“陛下手下的战将中，有谁能在战场上敌过韩信？”

刘邦回答：“没有人能敌得过他。”

陈平说：“军队实力不如韩信，将领又不是韩信的对手，现在您反而要出兵去攻打韩信；一旦引起战争的话，胜负就难以预料了。如果这样做，我真是很为陛下担心啊！”

刘邦一听，十分着急，连忙问有没有什么稳妥的办法。陈平说：“古时，天子常常在全国各地巡行，会见各地的诸侯。南方有一个地方叫云梦泽，陛下装作出游云梦泽，然后在陈州会见各路诸侯。陈州在楚地西界，韩信听到陛下出游，又到了他的地盘上，他当然会来拜见您。当他拜见陛下的时候，您便可以把他抓起来。这样就不用派兵，只需一个武士就足够了。”

刘邦按照陈平的计策宣布去云梦泽巡行，韩信听到消息，果然在城外迎接刘邦。刘邦便让埋伏的武士将韩信捆得结结实实，投入囚车中。后来刘邦把韩信贬为淮阴侯，让他留在京城中，不让他到外地任职，韩信也就不能再有所作为了。陈平的这一计谋，避免了一场战争，消除了再度分裂割据的祸根，维护了新王朝的统一与安定。

萧规曹随

汉朝建立以后，萧何担任宰相。十三年后，萧何病重，汉惠帝向萧何请教："假如您不幸去世，谁能代替您担任宰相的职位呢？您看曹参担任宰相怎么样？"

萧何和曹参以前都是沛县的官吏，跟随汉高祖一起起兵。两个人本来关系很好，后来曹参立了不少战功，可是地位却比不上萧何。萧何知道曹参是个治国的人才，所以汉惠帝一提到他，他也表示赞成，说："皇上选出了合适的宰相，我就是死了也没有什么可担忧的了！"

曹参本来是个将军，汉高祖封长子刘肥做齐王的时候，叫曹参做齐相。那时候，天下刚安定下来，曹参到了齐国，召集齐地的父老和儒生一百多人，问他们应该怎样治理齐国。这些人说了一些意见，但是各有各的说法，不知该听取哪个才好。后来，曹参打听到当地有一个挺有名望的隐士，叫盖公。便把他请了来，向他请教。这个盖公主张治理天下的人应该清静无为，让老百姓过安定的生活。曹参依了盖公的话，尽可能不去打扰百姓。他做了九年齐相，齐国所属的70多座城都比较安定。

汉惠帝二年秋季，萧何去世了。汉惠帝颁下命令，任命曹参担任宰相。

曹参担任宰相以后，一切按照萧何当年制定的制度去做。他重用了一些忠厚稳重的官员，罢免了一些夸夸其谈的官员，然后，曹参就很少过问具体的事情，经常悠闲地在家中请人喝酒聊天，有时候酒宴能持续一整天，好像根本就不关心国家大事似的。有些大臣看曹参这种无所作为的样子，有点着急，也有的去找他，想帮他出点主意。但是他们一到曹参家里，曹参就请他们一起喝酒。要是有人在他跟前提起朝廷大事，他总是把话岔开，弄得别人没法开口。最后客人喝得醉醺醺地回去，什么也没有说。

汉惠帝看到曹参一直都没有新的治理措施，感到很纳闷，又想不出个所以然来，只以为是曹相国嫌他太年轻了，看不起他，所以就不愿意尽心尽力来辅佐他。

有一天，惠帝就对在朝廷担任中大夫的曹参的儿子曹窋说："你放假回家时碰到你父亲，找个机会问问他，你就说，'高祖刚死不久，现在的皇上又年轻，还没有治理朝政的经验，正要丞相多加帮助，共同来把国事处理好。可是现在您身为丞相，却整天与人喝酒闲聊，一不向皇上报告，二不过问朝廷大事，要是长此下去，您怎么能治理好国家呢？'你问完后，把你父亲的回答告诉我。不过你千万别说是我让你去问他的。"曹窋回到家，找了个机会，按照皇帝的意思跟父亲闲谈，并规劝了曹参一番。曹参听了儿子的话后，大发脾气，大骂曹窋说："你小子懂什么朝政？这天下的大事不是你应该议论的！你还不赶快给我回宫去侍候皇上。"一边骂一边拿起板子把儿子狠狠地打了一顿。

曹窋垂头丧气地回到宫中，把一切情况报告给了汉惠帝。惠帝听了后就更加感到莫名其妙了，不知道曹参为什么会发那么大的火。

第二天，曹参上朝拜见汉惠帝。汉惠帝把曹参留下，当众责备他说："你为什么要责打曹窑呢？他说的那些话是我的意思，是你自己不尽力辅佐我啊。"曹参听了惠帝的话后，立即摘下官帽，跪在地上不断叩头，请求皇帝治自己的罪，然后他问惠帝："请陛下好好地想想，您跟先帝相比，哪位更英明神武？"惠帝立即说："我怎么敢和先帝相提并论呢？"曹参接着又问："皇上您看我和前宰相萧何相比，哪一个更贤明？"汉惠帝笑着说："我看你好像不如萧相国。"

曹参接过惠帝的话说："皇上讲得非常准确。既然您的贤能不如先帝，我的德才又比不上萧相国，那么先帝与萧相国在统一天下以后，陆续制定了许多明确而又完备的法令，在执行中又都是很有成效的，现在陛下是在继承先帝的基业，我们这些文武大臣就应该继续遵照已经制定并执行的法令规章，使天下百姓安居乐业。我现在这样照章办事不是很好吗？"汉惠帝听了曹参的解释，恍然大悟地说："我明白了，你不必再说了！"

曹参担任宰相三年，最后死在任上。他遵照萧何制定好的法规治理国家，使西汉政治稳定、经济发展、人民生活水平日渐提高。

吕后专权

吕后，名雉，字娥，山阳单父（今单县）人。她的父亲吕文，是当时单东的世家大族，非常迷信看面相。在一次宴会上，他见到刘邦有富贵相，就将吕雉许配给了刘邦。楚汉战争初期，吕氏跟随刘邦转战南北，曾经被楚军项羽俘去，做了两年多的俘虏，直到垓下之围前，才被送还给刘邦。公元前206年（汉高祖元年），刘邦即皇位，定国号为汉。公元前202年（汉高祖五年），刘邦战胜项羽统一天下，吕氏被封为皇后。

吕雉足智多谋，她帮助刘邦清除了许多异姓王。公元前197年，一个姓陈的异姓王谋反，刘邦领兵出征讨伐，让吕雉留在京城长安镇守。吕后听说淮阴侯韩信是陈的内应，也想谋反，便和谋士萧何一起把韩信骗入宫里抓了起来。汉高祖刘邦一直没有杀韩信，因为高祖曾与韩信有约：见天不杀，见地不杀，见铁器不杀。吕后就偏偏把刘邦都不杀的韩信，用布兜起来，用竹签刺死。吕后这招确实收到了作用，朝中大臣看到她连韩信这样的人都敢杀，不免都对她畏惧几分。

公元前196年（汉高祖十一年），刘邦死后，汉惠帝即位，吕后掌握了实际政权。刘邦临终前，吕后问刘邦身后的安排，萧何死后谁可以继任丞相。刘邦说曹参可继任；曹参后有王陵、陈平，但不能独任；周勃忠诚老实，文化不高，刘家天下如有危机，安定刘氏天下的必是周勃，可任太尉。

吕后虽实际掌握大权，但她遵守了刘邦临终前所作的重要人事安排，相继重用萧何、曹参、王陵、陈平、周勃等开国功臣。

吕后嫉妒心太重，手段过于残酷。她毒死了戚夫人生的儿子赵王如意，残忍地对付戚夫人，甚至砍掉她的手脚，又挖去她的双眼，熏聋她的双耳，用药使她变哑，最后扔到厕所里，称为“人彘”。从此朝中大事多由吕太后掌管。公元前188年（汉惠帝七年），年仅23岁的汉惠帝去世。惠帝没有儿子，吕太后命令惠帝的皇后伪装怀有身孕，后来从后宫找了一个婴儿代替，假称为少帝。不久吕太后杀了少帝，立常山王刘义为帝，又剥夺了太尉周勃的兵权，罢免了右丞相王陵，任命自己的宠臣审食其为左丞相，自己做皇帝。

吕后很有政治家的手腕。当时匈奴冒顿单于乘着刘邦去世，下书羞辱吕后，说：“你死了丈夫，我死了妻子，大家都不开心，没有什么来解决自己的忧愁的，我愿意拿我所有的，换取你没有的。”吕后采纳季布的建议，压住怒火，平心静气地回复他说：“我年纪大了，容貌丑陋，发齿也掉了，走路也不方便。”于是赠给单于车马，婉言谢绝了他的好意，用友好的态度避免了双方的争斗。匈奴自知失礼，派使者向汉朝认错。

吕太后为了强化自己的统治，在采取“无为而治”巩固西汉政权的同时，还打击诸侯王和政治上的反对派，同时大封吕氏一族为王侯，并重用宠臣审食其等人。吕后的这些做法遭到了刘氏宗室和大臣们的强烈反对。

在吕后执政的年代，她继续推行减轻人民负担、鼓励农业生产的政策，做了几件大事，使得人民生活比较安定，社会经济也得以恢复。

公元前180年，吕后病重，她临终前仍没有忘记巩固吕氏天下。在她病危的时候，下令任命她的侄子赵王吕禄为上将军，统领北军，任命吕产统领南军，并且告诫他们："高祖平定天下以后，曾经和大臣订立盟约：'不是刘氏宗族称王的，天下人可以一起诛杀他。'现在吕氏称王，刘氏宗室和大臣们一直愤愤不平，我很快就要死了，皇帝还年轻，大臣们很可能会发生兵变。所以你们一定要牢牢掌握军队，守卫宫殿，千万不要离开皇宫为我送葬，不要被人控制住。"

公元前180年，吕后病死，留下遗诏赐给各诸侯黄金一千斤。将、相、列侯、郎、吏都都按照级别获得了赏赐的黄金。她让吕王吕产担任相国，让吕禄的女儿做皇后，但这一计划没有得到实现。吕后去世后，太尉周勃联络右丞相陈平等大臣诛杀了吕氏一族，平息了反叛，夺回了刘氏天下。随后，大家一起迎立刘邦的另一个儿子刘恒为皇帝，即汉文帝。

季布一诺

季布是西汉初年楚地人，他为人正直，喜欢帮助别人，而且特别讲信义，只要是他答应过的事情，无论有多大的困难，都会设法办到，因此在楚地很有名气。季布曾经是项羽的部将，他很会打仗，几次把刘邦打败，弄得刘邦很狼狈。后来项羽被围自杀，刘邦夺取天下，当上了皇帝。刘邦每当想起败在季布手下的事，就十分生气。愤怒之下，汉高祖拿出千两黄金悬赏捉拿季布，并下令如果有窝藏季布的要被灭三族。

季布当时躲藏在濮阳一个姓周的人家。周家说："朝廷正在悬赏捉拿你，情况非常紧急，眼看就要追踪搜查到我家了。将军您如果愿意听我的话，我才敢给你献个计策；如果不能，我情愿先自杀。"季布答应了他。周家便把季布的头发剃掉，用铁箍束住他的脖子，给他穿上粗布衣服，把他放在运货的大车里，将他和周家的几十个奴仆一同卖给山东的大户姓朱的人家。朱家心里早知道是季布，便买下来把他安置在田地里耕作，并且告诫家里人说："田间耕作的事，都要听从这个佣人的吩咐，你们还要和他吃同样的饭菜。"然后，朱家的主人便乘坐马车到洛阳去了。

朱家的主人到了洛阳，拜见了夏侯婴滕公，滕公留朱家的主人喝了几天酒。朱家主人乘机对滕公说："季布犯了什么大罪，皇上追捕他这么急迫？"滕公说："季布为项羽效劳的时候，多次带兵攻打皇上，皇上怨恨他，所以一定要抓到他才罢休。"朱家主人说："您看季布是怎样的一个人呢？"滕公说："他是一个有才能的人。"朱家说："做臣子的听从自己的主子吩咐。季布受项羽差遣，这完全是分内的事。以前项羽的臣子难道可以全都杀死吗？现在皇上刚刚夺得天下，仅仅因为个人的怨恨就去追捕一个人，不是向天下人显示自己肚量狭小吗？再说凭着季布的贤能，朝廷又追捕得这样急迫，那么，季布不是向北逃到匈奴去，就是向南逃到越地去了。这种嫉恨勇士而去帮助敌国的举动，就是伍子胥要鞭打楚平王尸体的原因了。您为什么不找机会向皇上说明呢？"

滕公从小就和刘邦关系亲密，后来跟随刘邦起兵，转战各地，为刘邦建立汉王朝立下了汗马功劳。他很同情季布的处境，就在刘邦面前为季布说情，终于使刘邦赦免了季布。后来季布被皇上召见，愿意服从皇上差遣，皇上任命他做了郎中。

汉惠帝的时候，季布担任中郎将。匈奴王单于曾经写信侮辱吕后，吕后大为恼火，召集大臣们商议这件事。上将军樊哙说："我愿意带领十万人马去攻打匈奴。"各位将领都迎合吕后的心意，一起附和樊哙的提议。季布反对说："樊哙这个人真应该斩首啊！从前，高皇帝率领四十万大军尚且被匈奴围困在平城，如今樊哙怎么能用十万人马就打败匈奴呢？这是当面撒谎！再说秦王朝正因为对匈奴频繁用兵，才引发了陈胜、吴广起义。战争造成的危害到现在还没有平复，而樊哙又想去攻打匈奴，这样天下就要动荡不安了。”季布讲完后，大臣们都议论纷纷，吕后只好退朝，后来也不再议论攻打匈奴的事了。

汉文帝的时候，季布做了河东郡守。有人说他很有才能，汉文帝便召见他，打算任命他做御史大夫。又有人说他虽然勇敢，但喝完酒后会发酒疯，难以接近，因此汉文帝很犹豫。季布来到京城长安后，在客馆停留了一个月，汉文帝召见他之后就让他离开了。季布于是对皇上说：“我没有什么功劳却受到了您的恩宠，在河东郡任职。现在陛下无缘无故地召见我，这一定是有人在陛下面前称赞我。可当我来到京城，您没有任何事情和我交代，又让我回到原地，这一定是有人在您面前诋毁我。陛下因为一个人的赞誉就召见我，又因为一个人的诋毁就要我回去，我担心天下有见识的人听说了这件事，就能明白您为人处事的方法了。”汉文帝默不作声，觉得很难为情，过了很久才说：“河东对我来说是一个最重要的郡，好比是我的大腿和臂膀，所以我特地召见你啊！”于是季布就辞别了皇上，回到了河东郡。

当时，楚地有个名叫曹丘生的人，能言善辩，和季布是同乡。季布瞧不起他，并在一些朋友面前明确表示过。偏偏曹丘生听说季布做了大官，一心想巴结他，特意请求当时的皇亲国戚窦长君给季布写信，把自己介绍给季布认识。窦长君早就知道季布对他印象不好，劝他不要去见季布，免得惹出是非来，但曹丘生坚持要窦长君介绍。窦长君无奈，只好勉强写了一封推荐信，派人送到季布那里。

季布读了信后，很不高兴，准备等曹丘生来时，当面教训教训他。过了几天，曹丘生果然登门拜访。季布一见曹丘生，就露出厌恶的表情。曹丘生对此毫不在乎，恭恭敬敬地向季布问候，说："楚人有句谚语说，'得到一百斤的黄金，比不上得到您季布的一句诺言'，您为什么能在梁、楚一带获得这样的声誉呢？我是楚地人，您也是楚地人。由于我到处宣扬，您的名字天下人都知道，难道我对您的作用还不重要吗？您为什么这么坚决地拒绝我呢！"听了他的话，季布很高兴。他立刻邀请曹丘生进门，还留他住了几个月，把他作为最尊贵的客人，送他丰厚的礼物。曹丘生也按照自己说过的话去做，他每到一地，就宣扬季布以礼待人，为人义气，经常拿出自己的钱财帮助别人等等。这样，季布的名声越来越大。

仁义治国

汉文帝刘恒是汉朝的第三位皇帝，公元前180年至公元前157年在位。他是汉高祖刘邦的第四个儿子，汉惠帝刘盈的弟弟，母亲薄姬。汉文帝七岁时被立为代王，建都晋阳。后来，刘恒在大臣周勃、陈平的支持下诛灭了吕氏一族的势力，登上了皇帝宝座。

汉文帝即位之后，面对不断壮大和日益骄横的诸侯王势力，采取了一系列措施来巩固皇权。

汉文帝首先封赏消灭吕氏势力的有功大臣。公元前179年10月，封周勃为右丞相，陈平为左丞相，灌婴为太尉，组成新的中央领导班子。随刘恒入朝的官员，有的官员做到了卿相这样的官职。除了保留旧有的诸侯王之外，汉文帝又立了一批新的诸侯王。

在封赏功臣和宗室的同时，他坚决镇压诸侯王的叛乱，先后粉碎了刘兴居和刘长的谋反。文帝三年（前177年），济北王刘兴居叛乱，文帝派兵镇压，叛军很快被打败了，刘兴居被俘后自杀。三年后，淮南王刘长又举起了叛旗。但还没有行动，就被朝廷察觉。文帝派人把刘长押到京城问话，免去了他的封号，将他发配到四川。在发往四川的路途中，刘长绝食死去。

汉文帝又接受了大臣贾谊提出的“分割大的诸侯”的建议，维护了国家的统一。他还妥善处理了汉朝同南越少数民族和北方匈奴的关系，对南越王赵佗实行安抚政策，对匈奴继续实行和亲政策，同时加强了边防的力量。匈奴曾派兵三次入侵汉朝边境，都被汉文帝派兵还击，赶出了塞外。

文帝即位的时候，不仅国家财政困难，人民生活也十分贫困。为了激发农民的生产积极性，他继续推行汉朝初年制定的安定老百姓和减轻徭役赋税的政策。文帝统治时期，曾经两次减税，甚至有 12 年都免收全国的田租，大大减轻了农民的负担。他还亲自耕作，做天下人的榜样，对当时农业生产的迅速恢复与发展，起了积极的推动作用。汉文帝还“偃武兴文”，即停止武事，振兴文教；又把成年男子的徭役减为每三年服役一次。这样的减免，在中国封建社会史上是独一无二的。

文帝下令开放原来归属国家的山林川泽，准许私人开采矿产，利用和开发渔业、盐业资源，从而促进了农民的副业生产以及和国家百姓有重大关系的盐铁生产事业的发展。

文帝还采纳了大臣晁错的建议，实行“入粟拜爵”。即建议富商用钱向有粮的农民买粮食，富商再拿粮食向朝廷换取爵位。这样一来，国家有了粮食，富商有了无实权的爵位，农民手中则有了钱，国家富裕了，农民安定了。

在中国历代帝王中，文帝是一生都注重简朴的皇帝。他在位 23 年，宫室、园地、车骑、服装都很少增添，平时穿戴的都是用粗糙的黑丝绸做的衣服。他还多次下令禁止郡国进贡奇珍异宝。

汉文帝在位期间，有一次他想修筑一座露台，一算需花费黄金 100 斤，相当于中等人家 10 户的家产，就停止了。他反对厚葬，他的坟墓建造在长安附近的灞水旁边，称做灞陵。修筑坟墓时顺着山陵形势挖掘洞穴，不再加高，陪葬品也全用陶器，不准用金银等贵重金属。正因为如此，汉文帝的政绩不但得到了后人的赞誉，也得到了西汉末年赤眉军的尊崇。赤眉军起义攻占长安后，除了汉文帝的灞陵，其他西汉的皇陵都被破坏了。

由于文帝采取了一系列的方针和措施，使得当时的社会经济获得了显著的发展，统治秩序也日益巩固。西汉初年，大的诸侯国的封国不过一万家，小的只有五六百户。到了文帝和景帝时期，流民都回到家乡，户口迅速增长。大的诸侯封国封地有三四万户，小的封地户口也成倍增长了。中国古代社会开始出现欣欣向荣的景象。

公元前 157 年 6 月，汉文帝生病去世，葬在灞陵（今陕西西安市西北）。死后，人们给了他最美好的谥号“孝文皇帝”。所谓“文”，代表着政治才识卓越不凡、道德博大深厚、勤政爱民、惠而有礼等丰富含义，这都从不同的角度概括了汉文帝的政绩。

在汉文帝在位的 23 年里，西汉王朝也从国家初定向繁荣昌盛过渡。

才调无伦

贾谊年轻时做过官，还写了很多文章，文学修养很高。他的著作主要有散文和辞赋两类，著名的散文如《过秦论》《论积贮疏》，辞赋如《吊屈原赋》。贾谊一生虽然短暂，但他作为杰出的政治家、文学家和思想家的历史贡献是不可磨灭的。

贾谊从小就刻苦学习，博览群书。他在少年时代就学习了《春秋左氏传》，在青年时期写了《道德论》《道术》等著作。他曾经投身在河南郡守吴公的门下，很受吴公的器重。在吴公的推荐下，才二十一岁的贾谊就被汉文帝召到中央政府，任命为博士（为皇帝解答问题的官员）。从此，贾谊步入了政治活动的舞台。由于他学识渊博，敢想敢说，对文帝提出的问题对答如流，说得有理有据，汉文帝又把他破格提拔为太中大夫（这是比博士更为高级的议论政事的官员）。

当时汉朝已经建立二十多年了，政局大体稳定，为了巩固汉朝的统治，他向汉文帝提出改革的建议。贾谊提出了著名的《论积贮疏》，针对当时社会上出现的轻农重商的现象，主张发展农业生产，加强粮食储备，预防饥荒，从而安抚百姓，治理天下。汉文帝采纳了他的建议，鼓励发展农业生产，这对恢复社会经济，建立封建统治的经济基础起了积极作用。

贾谊刚到中央政府，在短短的时间里就施展了自己的才能，又被汉文帝破格提拔，真可谓是一帆风顺，少年得志。

汉文帝看到贾谊是一个很有见识、年轻有为的人，对他十分赏识。他想让贾谊担任更高的公卿职位，对其委以重任。于是，汉文帝就让大臣们去议论这件事。谁知，这一提议遇到了重重的阻力。

在功臣显贵和宠臣邓通的排挤和诋毁下，贾谊被贬出了都城长安，到长沙国去当长沙王的老师。在去往长沙国的途中，经过湘江，他望着滔滔的江水，想到自己的遭遇和爱国诗人屈原很相似，就更加怀念屈原。贾谊思绪联翩，挥笔写了一首《吊屈原赋》，表达了自己对屈原的崇敬之心，并抒发了自己的怨愤之情。

贾谊到了长沙后，继续以天下事为己任，对朝廷的政治和经济大事给予极大的关注。他一有机会，就上书文帝，提出自己的看法和建议。

贾谊在长沙第三年的一个黄昏，有一只猫头鹰飞进了他的住房里。当时人们认为猫头鹰是一种不吉利的鸟。贾谊被贬官到长沙，本来心情就忧郁，加上长沙的气候不好，总以为自己寿命不长，如今猫头鹰飞进了自己的房子，更使他伤感不已。于是就写了一篇《鵩鸟赋》，对世界万物的变化和人间世事的沧桑作了一番感叹，同时也借此来宽慰自己。

汉文帝七年（前 173 年），文帝想念贾谊，又把他从长沙召回长安任命他为太傅，辅助自己最喜爱的小儿子梁怀王。贾谊到长安后，文帝在未央宫祭神的宣室接见了他。当时祭祀刚完，祭神的肉还摆在供桌上。文帝感到对鬼神的事有不少疑问，就问贾谊。贾谊关于鬼神的见解，使文帝感到很新鲜，听得很入神，甚至挪动座位（当时是席地而坐），凑到贾谊跟前，一直谈到半夜方止。事后，文帝感叹不已地说：“我好久没有见到贾生了，自以为学问赶上了他，现在听了他的谈话，还是不及他啊！”对于这件事，唐朝诗人李商隐很不以为然，写了一首绝句来抨击汉文帝：“宣室求贤访逐臣，贾生才调更无伦。可怜夜半虚前席，不问苍生问鬼神。”

当时，西汉王朝面临两个主要的矛盾，一个是中央政权同地方诸侯王之间的矛盾，一个是汉王朝同北方匈奴之间的矛盾。贾谊对此深为关切和忧虑。他接连多次向文帝上书，提醒文帝，其中最著名的就是《治安策》。

在《治安策》里，贾谊指出危害西汉王朝政治安定的首要因素，是诸侯王的存在以及他们企图叛乱的阴谋，并向文帝提出了自己的对策，即在原有的诸侯王封地上分封更多的诸侯，从而不断地削弱他们的力量。诸侯王死后，他的封地再分成若干块，分封给他的几个儿子。这样，可以让诸侯王的子孙们放心，他们知道会按照制度享受分封，就不会反叛朝廷了。这样，诸侯王的封地，一代一代分割下去，愈分愈少，直到“地尽而止”，各地诸侯的力量也就愈来愈削弱，这就叫做“割地定制”。这样做的结果，不仅诸侯不会有异心，国家也能得到治理。

《治安策》除论述了地方诸侯王的问题外，还就其他政治、经济、军事等问题提出了自己的看法，其中特别值得注意的是商人经济力量的膨胀和北方匈奴的问题。贾谊认为，和亲并不能消除匈奴统治者经常骚扰带来的祸患，应该扩大汉朝的政治影响，以争取匈奴的人民大众；同时可以用奢侈的物质享受为手段，来分化匈奴贵族。贾谊还表示自己愿意出使匈奴。这种居安思危的思想在当时有一定的进步意义。

汉文帝十一年（前 169 年），梁怀王骑马摔死了。贾谊感到自己身为太傅，没有尽到保护他的责任，深深地自责。他为此经常哭泣，心情十分忧郁。尽管如此，他还是以国事为重，为文帝出谋献计。

文帝十二年（前 168 年），贾谊在忧郁中死了，那年他才三十三岁。贾谊的进步主张，不仅在文帝一朝起了作用，更重要的是对西汉王朝的长治久安起了重要作用。为此，汉武帝十分感念，为了纪念他，就提拔了他的两个孙子为郡守。

缇萦救父

汉文帝的母亲薄太后出身低微，在汉高祖在世的时候是个不得宠的妃子。汉高祖去世后，她请求吕后让她跟着儿子住到封地代郡。代郡的生活条件远比不上皇宫里阔气，因此母子俩也多少知道些老百姓的疾苦。

汉文帝当皇帝不久，就和大臣们商量："一个人犯了法，只要定他本人的罪就行了。为什么要把他的父母妻儿也一起逮捕治罪呢？我不相信这种法令有什么好处，请你们商议一下改变的办法。"大臣们商量后，按照汉文帝的意见，废除了一人犯法、全家连坐（连坐，就是被牵连一同治罪）的法令。

公元前 167 年，临淄地方有个小姑娘名叫淳于缇萦。她的父亲淳于意本来是个读书人，后来做了太仓的县令。因为淳于意不愿意跟做官的来往，也不会拍上司的马屁，因此没过多久，就被罢职了。淳于意很喜欢研究医书，后来就当起医生来了。淳于意不仅能为人治病，还能根据病情判断病人的死活，很受百姓的爱戴。

有一次，一个大商人的妻子生了病，请淳于意医治。病人吃了药，病没见好转，过了几天就死了。大商人仗势向官府告了淳于意一状，说是他错治了病。当地的官吏于是判处淳于意"肉刑"（肉刑就是在犯人的脸上刺字，割去鼻子，砍去左足或右足等身体的部分肢体），要把他押解到长安去受刑。

淳于意有五个女儿，可没有儿子。在他将要离开家被押解到长安的时候，他望着女儿们叹气说："唉，可惜我没有儿子。现在遇到困难，没一个女儿能帮上忙啊！"

几个女儿都低着头伤心地哭，只有最小的女儿缇萦又是悲伤，又是气愤。她想："为什么女儿没有用呢？"

她提出要陪父亲一起去长安，一方面可以在路途中照顾父亲，另一方面到了长安还可以想办法救父亲。临淄到长安路途遥远，缇萦不畏艰辛，陪同父亲上路。当时押解她父亲的官差不但怕她路途太远坚持不了，还怕她年龄太小，到了京城胡乱说话丢了性命，于是不断地劝她趁早回家。但是缇萦救父心切，一路上，她不论遇到什么困难危险都默默地承受。她小心殷勤地服侍父亲，不让父亲受到任何虐待和痛苦。

到了长安，淳于意先被关进监狱，很快就要被审判定罪。缇萦想了很久，最终决定直接上奏皇帝，请求皇帝赦免她父亲的罪。一天早晨，她穿上白衣，头上顶着上诉的奏折，跪在宫门前的台阶上面。当时恰逢皇帝早朝的时间，很多大臣对她的举动感到奇怪。汉文帝听说上奏折的是个小姑娘，很重视，于是让人递上了缇萦的奏章。只见奏章上写着：

"我叫缇萦，是太仓县令淳于意的小女儿。我父亲做官的时候，齐地的人都说他是个清官。这次他犯了罪，被判处肉刑。我不但为父亲难过，也为所有受肉刑的人伤心。一个人砍去脚就成了残废；割去了鼻子，就不能再安上去，以后就是想改过自新，也没有办法了。我宁愿自己给官府没收沦为奴婢，替父亲赎取罪过，好让父亲有个改过自新的机会。”

汉文帝看了奏章，十分同情这个小姑娘，又觉得她说的有道理，就召集大臣们，对他们说：“一个人犯了罪应该受处罚，这是不用怀疑的。可是受了罚，也该让他重新做人才是。惩罚一个犯人，在他脸上刺字或者损害他的肢体，这样的刑罚怎么能劝人改过向善呢？看看有没有一个代替肉刑的办法吧！”

大臣们商议后，就把肉刑改为打板子。原来判砍去脚的，改为打五百板子；原来判割鼻子的改为打三百板子。后来，汉文帝又正式下令废除肉刑。这样，缇萦不但救了她的父亲，也为其他受肉刑的犯人争取了改正错误的机会。

由于缇萦救父的事情很受皇帝的重视，从此也废除了肉刑，因此很快就传遍了全京城。缇萦的父亲被释放后，还在长安做了半年的医生，后来回到家乡继续行医看病。

真将军也

周亚夫，西汉时期著名的将军，江苏沛县人。他是名将绛侯周勃的第二个儿子，在历史上也非常有名。周勃的爵位本来是由他的大儿子周胜继承的，因为周胜犯杀人罪被剥夺了侯爵的爵位，于是朝廷又下诏让周亚夫继承父亲周勃的爵位，封他为条侯。

文帝六年（前158年），匈奴侵犯西汉北部边境，周亚夫被任命为将军，驻扎在细柳（今陕西咸阳附近）地区。汉文帝为鼓舞士气，亲自到军队去犒劳慰问士兵。

他先到灞上和棘门两处别的将军统领的营寨。见到皇帝的车马来了，军营都主动放行，两地的主将迎接皇帝时都慌慌张张的，送文帝走时也是亲自率领全军送到营寨门口。

文帝到了周亚夫的营寨，却被拦在营寨之外。军门的守卫都尉说："将军有令，军中只听将军命令，不听天子诏令。"文帝派使者拿自己的符节进去通报，周亚夫才命令打开寨门迎接。守营的士兵还严肃地告诉文帝的随从："将军有令，军营之中不许车马急驰。"车夫只好控制着缰绳，不让马走得太快。到了军中大帐前，周亚夫一身戎装，出来迎接，手持兵器向文帝行拱手礼："身穿军装，无法行君臣之礼，请陛下允许我以军中之礼拜见。"文帝听了非常感动，扶着车前的横木向将士们行军礼。出了营门，文帝感慨地对惊讶的群臣说："这才是真将军啊！那些灞上和棘门的军队，简直是儿戏一般。如果敌人来偷袭，恐怕他们的将军也要被俘虏了。可周亚夫怎么可能让敌人有机会偷袭呢?”好长时间里，文帝对周亚夫都赞叹不已。

匈奴兵撤退后，周亚夫被任命为中尉，掌管京城的兵权，负责京师的安全警卫。后来，文帝病重，临死之前嘱咐太子刘启（即后来的景帝）说：“以后关键的时刻可以依靠周亚夫将军，他是一个值得放心的人。”

文帝去世后，景帝让周亚夫做了骠骑将军。景帝三年（前154年），以吴王、楚王为首的七王之乱爆发。汉景帝任命周亚夫为太尉，率领36名将军迎战吴、楚叛军。周亚夫采纳谋士赵涉的建议，避开吴军的主力部队，绕道武关（今陕西省商南东南），直奔洛阳。

此时的梁国被叛军轮番进攻，梁王向周亚夫求援。周亚夫却派军队向东到达昌邑城（在今山东巨野西南），坚守不出。梁王再次派人求援，周亚夫还是不发救兵。最后梁王写信给景帝，景帝又下诏要周亚夫增援梁王，周亚夫还是不为所动。但他却暗中派军队截断了叛军的粮道，还派兵劫去叛军的粮食。叛军因为缺粮，最后只好退兵，周亚夫乘机派精兵追击，取得胜利，叛军头领吴王刘濞的人头也被割下了。这次叛乱历经三个月就很快被平定了，战争结束后，大家这才纷纷称赞周亚夫的用兵之道。但梁王却因为周亚夫没有及时救援，和他结下了仇。窦太后宠爱梁王，梁王每次进京总要到窦太后那儿说周亚夫的坏话，窦太后对这位抗旨不遵的老臣渐渐有了看法。

公元前152年，丞相陶青因病退休，景帝任命周亚夫为丞相。开始景帝对他非常器重，但由于周亚夫性格耿直，不讲究说话技巧，逐渐被景帝疏远。后来在太子刘荣的废立问题以及皇后的哥哥王信封侯的问题上同景帝意见不一致，再加上梁王在窦太后面前不断地诽谤，景帝也越来越不喜欢他。

有一次，景帝把周亚夫召进宫中设宴招待，想试探他的耿直脾气是不是改了。景帝只在周亚夫面前的桌上放了一大块没有切开的肉，而没有放筷子。周亚夫立刻不高兴地向管事的要筷子，景帝笑着对他说："莫非这还不能让你满意吗?"周亚夫很羞愧，极不情愿地向景帝跪下谢罪。景帝刚说了个"起"，他就马上站了起来，不等景帝再说话，就自己走了。周亚夫离开后，景帝叹息着说："看他这个样子，等我去世之后，能一心一意地辅佐新君吗?"

周亚夫的儿子偷偷买了五百件甲盾，准备在周亚夫去世后发丧时用。这甲盾是国家禁止个人买卖的，由于周亚夫的儿子给佣工的工期很短，还不想早点给钱，结果，心有怨气的佣工就告发他私自购买国家禁止的用品，要谋反。景帝派人追查此事。负责调查的人叫来周亚夫询问原因，周亚夫不知道儿子做了什么，对问的问题没有回答。负责调查的人以为他在赌气，便向景帝报告了。景帝很生气，将周亚夫交给最高司法官廷尉审理。周亚夫为自己申辩："我买的军器是死后陪葬用的器具，怎么能是造反呢?"廷尉讽刺说："您即使在地上不造反，在地下也必然造反啊!"周亚夫受此屈辱，无法忍受，于是绝食抗议，五天后吐血身亡。

周亚夫死后，他在条地的侯国也被撤消了。但是当地的百姓和他的部下，感念他的恩德，冒着牵连谋反的罪名，为他建起了坟墓。

飞将李广

李广，陇西成纪人，是西汉著名的将军。李广是名门之后，他的祖先就是抓获燕太子丹的秦国将领李信。

在父辈们的熏陶下，李广从小就刻苦学习各种武艺，练得一身绝技，尤其是家传的箭法、骑射技术更是达到了炉火纯青的地步。有一次他夜间巡逻，发现路边草丛里有东西在走动，他以为是一只大老虎躲在草丛里，于是朝那里射了一箭。第二天李广拨开草丛，才知道昨晚自己看见的并不是什么老虎，只是风吹草动而已。而他晚上射出的那支箭，却深深地插进了一块大石头里，怎么用力都拔不出来，可见李广的臂力是多么的惊人。

公元前 166 年，匈奴侵犯汉朝边境地区，李广跟随大军抗击匈奴。他作战英勇，杀敌众多，受到汉文帝的大力赞赏。九年后，汉景帝即位，李广被升为骑郎将，成为景帝身边禁卫骑兵的将领。公元前 154 年，吴王、楚王发动叛乱，这就是“七王之乱”。骁骑都尉李广跟随太尉周亚夫出征平叛，在昌邑城下夺下叛军军旗，立下显赫战功。“七王之乱”平定后，李广被调往西北边境做太守，领兵抵抗匈奴的入侵。

有一次，匈奴进攻汉朝的上郡地区。当时景帝正派了一名官员到上郡巡查，在这名官员外出巡视的路上，恰好遭遇了三名匈奴骑兵。结果，随行的卫士们全被射杀了，官员本人也中箭逃回。李广听说后，立刻率领一百名骑兵去追击匈奴骑兵，他一共射杀了两人，活捉了一人。刚把俘虏捆绑上马，匈奴好几千名骑兵就已经追赶上来了。看到李广等人人数很少，以为是汉军故意诱骗他们上当的疑兵，匈奴兵起了戒心，赶紧爬上山头，布阵抵抗。李广的随从们见此情形很惊慌，急忙掉转马头想往回逃，被李广及时制止住。李广说："我们距离大部队有几十里，若是现在逃跑，匈奴兵一定会上前来追杀，那样我们谁都逃不脱。若是我们驻在此地不走，匈奴兵一定以为我们是来引诱他们上当的小部队。这样一来，他们也就不敢来打我们了。"随后，李广下令继续前进，他们一直行到距离匈奴兵只有两里左右的地方，才停下来。李广又命令随从一齐下马，还把马鞍卸下，匈奴更加以为这是在引诱他们上当。有一个骑白马的匈奴将官想走马出阵试探，李广突然上马，飞快地射杀了白马将，然后仍回到自己的队伍中，解下马鞍，命令大家随意活动。匈奴更加害怕，不敢轻举妄动，双方一直僵持到半夜，匈奴担心汉军设有埋伏，于是全部撤离了。第二天清晨，李广才率领一百多骑兵从容地回到了大部队。

公元前125年，李广出雁门（今山西代县西北）抗击匈奴，因寡不敌众，兵败被擒。李广伤势很重，被匈奴兵横放在用绳子结成的网兜里，这网兜就挂在两匹马的中间。走了十多里路，李广一直躺在网兜里装死，却暗暗留心逃跑的机会。他瞧见身旁有个年轻的匈奴兵骑着一匹好马，就突然跃起，一下子跳上他的马，将他推下马，然后快马加鞭地向南奔驰了几十里，遇到自己的残余部队。匈奴兵一路追捕李广，李广就用那年轻匈奴兵的弓箭，不断返身射杀匈奴骑兵，最终得以逃脱。这次战争虽然失败了，但李广单身匹马从匈奴手中逃脱，极具传奇色彩，匈奴人都称他为“飞将军”。回到汉军阵营后，李广没有按照法律被判死刑。考虑到他以前的功绩，李广被贬为平民。

几年后，匈奴兵又侵犯边境，杀死了驻守辽西的太守，打败了将军韩安国。于是汉武帝又起用李广为右北平太守。李广上任的消息传到匈奴，顿时引起匈奴军队的震惊。他们立刻变得老实起来，有好多年都没有敢侵犯李广镇守的地区。

公元前120年，李广率领四千骑兵从右北平出关，配合张骞出征匈奴。部队前进了大约几百里后，突然被匈奴左贤王率领的四万骑兵包围，汉兵死了一半多，箭也快用光了。李广就命令士兵们拉满弓，不要放箭，他自己用大黄弩弓射杀了好几个匈奴的副将，匈奴将领被射杀，匈奴军也渐渐散开了。第二天，汉军主力赶到，李广军才得以突出重围。

公元前119年，大将军卫青率军攻打匈奴，李广以60多岁的高龄担任先锋官。部队出关后，卫青从俘虏口中得知了单于的驻地，决定亲自率领精兵进攻，他让李广跟随右军走另一条道路。由于道路难走又没有向导，最后迷了路。此时卫青和单于交战，单于逃走，卫青也没有什么其他收获，在返回的路上才和右翼部队会合。事后卫青派军队的执法官去询问李广右翼部队迷路的经过。李广不想自己这么大年纪了还要受审问，就对执法官说：“这件事情和下面的将领没有关系，是我自己迷失了道路，责任全部在我这边。”来人走后，李广望着那些共同生死多年的部将，感慨地说：“我从小就和匈奴交战，大大小小的战役经历了七十多次。这次跟随大将军出征，结果迷了路，这是天意如此啊！想我李广已经 60 多岁了，不能再去面对那些执法官，受那种羞辱了!”说罢就拔刀自杀了。

李广死后，全军将士都悲痛万分。李广去世的消息传开后，驻地的老百姓们也为他流泪叹息。

游侠郭解

郭解是河内轵县人，字翁伯。他的舅舅许负很擅长给人相面。郭解的父亲因为行侠仗义，触犯了法律，在汉文帝当政时被杀。郭解长得短小精悍，貌不惊人，性格沉静少语，勇敢果断。他年轻时心狠手辣，亲手杀了很多人。他为人仗义，常常不惜牺牲生命去替朋友报仇，还经常做一些抢劫财物、铸造假钱、盗墓等不法活动。后来，郭解痛改前非，检点自己的言行，用恩德报答怨恨自己的人。因此，他在当地声望很高。

郭解姐姐的儿子倚仗郭解的势力，在同别人喝酒时，仗势欺人，强行给对方灌酒，那人发怒，拔刀杀死了郭解姐姐的儿子，然后逃跑了。郭解的姐姐把她儿子的尸体丢弃在路上不埋葬，想借此来羞辱郭解。后来，凶手主动回来把真实情况告诉了郭解。郭解不仅没有怪罪他，还说是自己的孩子做错了事情，于是放走了凶手。随后，他又埋葬了外甥。郭解如此公正地处理事情，大家都称赞郭解的道义行为，更加崇敬他了。

郭解每次外出或归来，人们都回避他。有一次，郭解回家的时候，见一个人正傲慢地坐在地上看着他。门人看见了很生气，想杀了那个人。郭解说："居住在家乡，都得不到尊重，这是我自己的道德修养还不够，他有什么罪过！"他还暗中嘱托当地的官员："这个人是我最关心的，轮到他服徭役时，请放过他。"以后每到服役时，有好多次，县中官吏都没找这位对郭解不礼貌的人。那人感到很奇怪，一问才知道，原来是郭解找人免除了他的差役。于是，他就袒胸露腹地前去谢罪。年轻人听说了这件事情，更加仰慕郭解。

洛阳有相互结仇的两家人，经常发生矛盾。城中的贤人豪杰多次从中调解，双方始终不听劝解。门客们就来拜见郭解，说明情况。郭解晚上去会见结仇的两个人家，两家人出于对郭解的尊重，听了他的劝解准备和好。郭解就对两家说："我听说洛阳的各位贤人豪杰为你们调解，你们都不肯接受。你们给我面子，肯听我的话。但是在洛阳的地面上出了这样的事，我来调解恐怕有点不合适。你们暂时不要听我的调解，待我离开后，让洛阳豪杰从中调解，你们就听他们的。"于是郭解连夜就悄悄地离开了。

郭解为人处世十分小心谨慎，生活很简朴，他在本县出门从不乘车，到邻县为他人办事，也是能办则办，不能办则不办，从不为难人家。因此大家都特别尊重他，争着为他效力。城中年轻人及附近县城的贤人豪杰，也经常把大车送到郭解家，以供投奔郭解的人来使用。

汉武帝元朔二年，朝廷为了防止富人们闹事，将各郡国的豪富人家迁往茂陵居住。郭解家贫，不符合家财三百万的迁转标准，但迁移名单中有郭解的名字。当时大将军卫青替郭解向皇上求情："郭解家贫，不符合迁移的标准。"但是皇上说："一个百姓的权势竟能使将军替他说话，这就可见他家不穷。"郭解终于被迁移到了关中，人们为郭解送行，共出钱一千余万。

郭解迁移到关中，关中的贤人豪杰无论从前是否知道郭解，如今听到他的名声，都争着与郭解结为好朋友。就在关中豪杰争相与郭解结交之时，一个姓杨的县吏和他的父亲先后被人刺杀，杨家告状的人又被杀死在宫门之下，这一系列血案最终促使汉武帝亲自下令拘捕郭解。郭解把母亲安置在夏阳，自己逃到了临晋。以前和郭解从不认识的临晋大侠籍少公帮助他出关，逃到太原。他每到一处，总是把自己的情况告诉留他食宿的人家。官吏一路跟踪郭解，最后追到了籍少公家里，籍少公迫于无奈自杀。

过了很久，官府才逮捕到郭解，而此时，一个轵县的读书人因为批评郭解，被郭解的门客杀掉并割去了舌头。官吏拿这件事来责问郭解，令他交出凶手，而郭解确实不知道杀人的是谁，杀人的人始终没被查出来。官吏向皇上报告，说郭解无罪。御史大夫公孙弘认为："郭解凭着平民的身份，玩弄权术，别人为了小事为他杀人，郭解自己虽然不知道，但这个罪过比他自己杀人还严重，必须判处郭解大逆不道的罪。"于是郭解被判罪，最终被汉武帝下令灭族。

词赋大家

司马相如，四川蓬州（今南充蓬安）人，汉代有名的文学家。司马相如擅长鼓琴，他把自己所用的琴命名为“绿绮”。

司马相如原名司马长卿，因为仰慕战国时代的名相蔺相如才改的名。他少年时代喜欢读书练剑，二十多岁就做了汉景帝的武骑常侍，负责皇帝的警卫工作。由于一直没有受到汉景帝的重用，他便辞官投靠了梁孝王。在梁孝王身边，他和邹阳、枚乘、庄忌等一批志趣相投的文人共事。

景帝中元六年，司马相如回到蜀地临邛县，恰巧那里有个叫卓王孙的富豪，准备了宴席请客。县令王吉邀请司马相如一起参加。当一表人才的司马相如入席后，在座的客人们都被他潇洒的风度吸引了。当大家一起饮酒饮到尽兴痛快的时候，王吉就请司马相如弹琴一曲助兴。司马相如精湛的琴艺，博得了众人的好感。当时卓王孙的女儿因为丈夫刚死，回到娘家守寡。司马相如的琴声，也使得躲在门帘后面偷听的卓文君为之倾倒。此后，司马相如和卓文君便经常来往，两人产生了爱慕之情。一天夜里，卓文君没有告诉父亲，与早已等在门外的司马相如会合。他们一起回到成都，结了婚。这就是有名的文君夜奔的故事。

卓文君不愧是一个奇女子，她和司马相如回到成都以后，面对家徒四壁的境地，大大方方地在临邛老家开了一间酒坊，自己卖酒。日子过得虽然清苦，但两口子相敬如宾，终于使得要面子的父亲卓王孙承认了他们的爱情。后人根据他们二人的爱情故事，谱了一首琴曲叫《凤求凰》，一直流传到现在。

司马相如曾经为梁王写了一篇著名的文章，题目叫“子虚赋”。后来这篇文章被汉武帝看到了，汉武帝很欣赏这篇文章，以为是哪位古人所写，经人汇报后才知道出自当代，惊喜之余立刻召司马相如进京。到了京城，司马相如对武帝说：“《子虚赋》写的只是诸侯打猎的事情，算不上什么好文章，请允许我再写一篇天子打猎的文章吧！”于是为汉武帝做了一篇《上林赋》，不仅可以在内容上和《子虚赋》相衔接，文字和修辞也都更加华美壮丽。好大喜功的汉武帝读完后非常高兴，立刻封他做了郎官，担任皇帝的侍卫。

汉武帝的陈皇后因为失去了汉武帝的宠爱，被贬到冷宫长门宫，终日以泪洗面，忧愁苦闷。听说成都的司马相如不仅擅长写辞作赋，而且写出来的文章很能感动人。于是找了一个心腹带了一千斤黄金去求见他，恳请司马相如为她做一篇赋，以此换取汉武帝的回心转意。司马相如了解清楚原因后，不假思索，一气呵成。这篇赋叫作《长门赋》，诉说了一个深宫大院中女子的愁闷悲苦，写得委婉凄楚。陈皇后命宫人天天诵读这篇赋，希望汉武帝听到后回心转意。但是《长门赋》虽然是一篇千古佳文，却终究挽回不了汉武帝的心。

建元六年，武帝派大将军唐蒙取道巴蜀前往夜郎。唐蒙征发了巴蜀当地大批的官吏和士兵为他运输物资，而且杀死了违法的领军，这使得巴蜀地区的百姓大为恐惧。为了平息民愤，汉武帝随即派熟悉西南各地民情的司马相如为钦差特使出使巴蜀，对当地的少数民族进行安抚。司马相如不辱使命，一边写下告示（即名作《谕巴蜀檄》和《难蜀父老》）号召当地百姓理解和支持开发西南地区，一边率领大军兵临城下，对少数民族先礼后兵。司马相如恩威并施的手段，成功地说服了众人，使少数民族与汉朝廷合作，为开发西南边疆地区作出了贡献。可惜好景不常，有人告发他接受贿赂，令他失去了官职。

司马相如在家呆了一年多，又被召到朝廷当了侍卫官。后来被授官为汉文帝的陵园令，这是管理皇帝墓园的闲差事，他也因此常常借病在家闲着。

司马相如临死前，武帝还想读他的辞赋。他的很多名篇，都收录在《司马文园集》里面，一直流传到现在。

滑稽之雄

东方朔，字曼倩，平原厌次（今山东陵县）人。

他性格诙谐幽默，擅长说理，熟读了诸子百家的书籍，是汉武帝时有名的大臣、文学家。

汉武帝刚即位的时候，征召天下贤能正直和有文学才能的人，当时各地的知识分子纷纷上书应聘。东方朔也给汉武帝上书，用了三千片竹简，两个人才扛得起。在自我推荐的书中，东方朔说："我少年时就失去了父母，依靠兄嫂的抚养长大成人。我十三岁才开始读书，通过自己的刻苦学习，三个冬天读的书籍已够用了。我十五岁学习击剑，十六岁学习《诗经》《尚书》，一共读了二十二万字。十九岁开始学孙吴兵法和战阵的摆布，懂得各种兵器的用法，以及作战时士兵进退的钲鼓，这方面的书也读了二十二万字，总共四十四万字。现在我已经二十二岁了，身高九尺三寸。双目炯炯有神，像明亮的珠子，牙齿洁白整齐，像编排的贝壳，勇敢像孟贲，敏捷像庆忌，廉俭像鲍叔，信义像尾生。我就是这样的人，够得上做天子的大臣吧！"

汉武帝花了两个月时间，读完了东方朔的三千片竹简，于是任命他为公车令，让东方朔在馆驿中等待诏令。

公车令薪水很少，又始终没有见到皇帝，东方朔很不满意。为了让汉武帝尽快召见自己，他故意吓唬给皇帝养马的几个侏儒："皇帝说你们这些人既不能种田，又不能打仗，更没有治理国家的才华，对国家一点用都没有，因此打算杀掉你们。你们还不赶快去向皇帝求情!”侏儒们很惊慌，哭着向汉武帝求饶。汉武帝问明原因，立刻召来东方朔责问。东方朔终于有了一个直接面对皇帝的机会。他风趣地说：“我是迫不得已才这样做的。侏儒身高3尺，我高9尺，所挣的工资却一样多，总不能撑死他们而饿死我吧！皇上如果不愿意重用我，就干脆放我回家，我不愿意再白白浪费朝廷的粮食。”东方朔诙谐风趣的语言，逗得汉武帝捧腹大笑，于是就让他住在金马门，不久又升他为侍郎，跟随皇帝讨论国家大事。

有一次，朝廷召集大家一起商议朝政。大家一起责问东方朔说：“苏秦、张仪偶然遇到大国的君主，就能凭借自己的学问做到卿相。现在先生您研究先王的治国方针，熟读《诗经》《尚书》和诸子百家的书籍，还自己写文章。你自以为见多识广，聪敏才辩天下无双。可是十多年来，也不过做到侍郎，这是为什么呢?”

东方朔说：“这根本不能相比呀！那时是一个时代，现在是另一个时代，怎么可以相提并论呢？张仪、苏秦的时代，周朝十分衰败，诸侯都不去朝见周天子，互相用武力讨伐夺取权势，天下被十二个诸侯国瓜分，大家的势力不相上下。得到能人贤士辅助的诸侯国势力就强大，反之国家则会灭亡，所以诸侯王对能人贤士言听计从，导致有德之士的地位很高，连他们的子孙也能享受荣华富贵。现在不是这样。圣明的皇帝执掌朝政，恩泽遍及天下，国内的诸侯归顺服从，汉朝的威势震慑海内。天下统一，融为一体。如果苏秦、张仪和我一样生活在这个年代，不要说侍郎，他连一个小官都做不到呀！”于是大家都不吭声了。

东方朔为人幽默机智，又有点玩世不恭，宫中都称他为“狂人”，但在一些重大问题上，他又敢于直谏。

建元三年（前138年），汉武帝为了满足自己打猎游玩的愿望，想占用关中地区一百里的良田，建造规模宏大的林苑。当时朝中众臣都表示赞同，只有东方朔据理力谏：“关中地区，土地肥沃，物产丰饶。现在把农田建为林苑，向上愧对国家，向下亏欠百姓。为了建造林苑，毁去原来的坟墓，拆掉百姓的房屋，将使百姓无家可归，伤心流泪，怨恨朝廷。从前殷纣王建造九市而使诸侯叛乱，楚灵王建造章华台而失去民心，秦始皇修建阿房宫而使天下大乱。这些都是前车之鉴啊！”汉武帝虽然不愿停止修建上林苑，但对东方朔表现出的胆识和忠诚十分欣赏。他下诏赐给东方朔一百斤黄金，并授给他太中大夫给事中的官衔。

后来，汉武帝的妹妹隆虑公主的儿子昭平君因杀人被逮捕入狱。汉武帝虽然批准了廷尉将昭平君处死的请求，但仍然悲痛难忍，周围的人也一起跟着伤感。东方朔走上前祝贺汉武帝说：“我听说圣明的君王治理国家，奖赏不回避仇人，惩罚不区分骨肉。‘不偏向，不结党’这个原则就连夏禹、商汤、周文王都难以做到，如今陛下却做到了，这是天下苍生的幸运！我东方朔捧杯，冒死连拜两拜为陛下祝贺！”开始，汉武帝对东方朔非常恼火，接着又觉得他说的是对的，于是将东方朔任命为中郎。

东方朔一生所写的文章很多，写有《答客难》《非有先生论》《封泰山》《责和氏璧》《试子诗》等，后人将它汇编成

《东方太中集》。晋代夏侯湛写有《东方朔画赞》，对东方朔的高风亮节以及他的睿智诙谐大加称赞。唐代大书法家颜真卿将此文书写刻碑，此碑至今仍保存在陵县。

大将卫青

卫青，字仲卿，西汉河东平阳（今山西临汾西南）人，是汉武帝时期抗击匈奴的主要将领。卫青的父亲郑季，是一个小县吏。后来，卫青的同母异父姐姐卫子夫入宫得到汉武帝宠爱，所以他们兄弟姐妹七人都改姓卫。姐姐怀孕之后，遭到当时的陈皇后嫉妒，皇后派人抓到卫青，想杀死他。卫青被好友公孙敖救出。汉武帝听说后，召见了卫青，并让他当了官。后来姐姐卫子夫做了皇后，卫青也升为大中大夫。

汉武帝改变了西汉初期和匈奴和亲的政策，靠“文景之治”积累的财富和兵力，对匈奴发动了大规模的反击。卫青从公元前 129 年被封为车骑将军开始，共有七次领兵攻打匈奴，立下了赫赫战功。

公元前 127 年，匈奴贵族率领大量兵力，进攻西汉的上谷、渔阳地区。武帝采用避实击虚的作战方针，派卫青率大军进攻一直被匈奴盘踞的河南地区（黄河河套地区）。卫青率领四万大军从云中出发，采用“迂回侧击”的战术，从西面绕到匈奴军的后方，迅速攻占了高阙地区（今内蒙古杭锦后旗），切断了驻守河南地的匈奴军队和单于的联系。然后，卫青又率领骑兵，飞兵南下，赶到陇县西面，形成了对匈奴军队的包围。匈奴军队仓皇逃走。汉军活捉匈奴兵数千人，夺取了牲畜一百多万头，完全控制了河套地区。汉武帝在那里修筑了朔方城，设置朔方郡、五原郡，又从内地迁移了十万人到那里定居，还修复了秦朝时蒙恬修筑的边塞和沿河的防御工事。这样，不但解除了匈奴骑兵对长安的直接威胁，也建立起了进一步反击匈奴的前方基地。在这次对匈奴的战役中，卫青立了大功，汉武帝封他为长平侯，封地有3800户。

此后在对匈奴的多次战争中，卫青带领的汉军都获得了胜利，卫青也官至大将军。对于汉武帝的其他赏赐，他坚决推辞说："我有幸带领军队，仰仗陛下的神威，使得我军获得了胜利，这也是将士们拼死奋战的功劳。陛下已经加封了我的封地，我的儿子年纪还小，没有任何功劳，陛下也封他们为侯爵。这样是不能鼓励将士们奋力作战的。他们三个小孩怎敢接受陛下的封赏啊！"于是，汉武帝又封赏了随从卫青作战的公孙敖、韩说等将士。

公元前 121 年，西汉对匈奴的第二次大规模战役开始。此次战役由霍去病指挥，匈奴兵大败。这样汉朝完全控制了河西地区，切断了匈奴人和羌人的联系。

为了彻底击溃匈奴主力，汉武帝集中全国的财力、物力，准备发动对匈奴的第三次大战役。由大将军卫青、骠骑将军霍去病各自率领精锐骑兵五万人，分成东西两路，发兵漠北。卫青大军北行一千多里，跨过大沙漠，与严阵以待的匈奴军遭遇了。匈奴出动一万多骑兵迎战。双方军队激战在一起，非常惨烈。战斗到黄昏时分，忽然刮起暴风，尘土滚滚，沙石扑面而来，四周顿时一片黑暗，分辨不出哪是汉军哪是匈奴军。卫青乘机派出两支主力军，从左右两侧迂回到单于背后，包围了单于的大军。单于知道无法取胜，于是在众多精兵的保护下奋力突围。匈奴兵不见了单于，军心大乱，四散逃命。卫青率领大军连夜追赶。天亮时，汉军已追出二百多里，虽然没有找到单于的踪迹，却斩杀并俘虏了匈奴官兵 19000 多人。卫青大军一直前进到真颜山赵信城（今蒙古乌兰巴托市西），截获了匈奴囤积的粮草，补充了汉军的供给。他们在此停留了一天，然后烧毁了赵信城及剩余的粮食，胜利回朝。此次战役，汉军打垮了匈奴的主力，使匈奴元气大伤。此后，匈奴逐渐向西北迁徙，匈奴对汉朝的军事威胁基本上解除了。

卫青虽然战功显赫，权势很大，但从不结党营私，干预政事。他对士兵也很关心，能和将士门同甘共苦，因此威信很高。卫青后来娶了汉武帝的姐姐平阳公主为妻，更受到皇帝的宠信。但卫青为人谦让仁和，敬重贤才，从不以势压人。

公元前 106 年，大司马大将军卫青去世，汉武帝命人在自己的陵寝茂陵东边为卫青修建了一座像庐山（匈奴境内的一座山）一样的坟墓，以此象征卫青一生的赫赫战功。

勇冠三军

霍去病，河东平阳（今山西临汾西南）人，是西汉有名的大将军，他的舅舅就是西汉著名的将领卫青。霍去病被汉武帝任命为骠骑将军，后来又被封为冠军侯，和卫青一起担任着西汉的大司马官职。

就在卫青杀敌立功的同时，霍去病也渐渐地长大了，在舅舅卫青的影响下，他从小就擅长骑马射箭，他渴望长大后也像舅舅一样杀敌立功。

元朔六年（公元前 123 年），历史上有名的漠南战争爆发。还没有满十八岁的霍去病主动请求参加军队，汉武帝封他为骠姚校尉，跟随大军出征。在这次对匈奴的战争中，霍去病凭着自己的满腔热情和英勇善战的精神，独自带着八百名骑兵，在千里茫茫的沙漠里奔跑了几百里追寻匈奴人的踪迹，最终在他的“长途奔袭”策略下，和匈奴的首次战争就以汉朝的胜利而结束，这次战争一共杀死了匈奴兵两千多人，匈奴单于的两个叔父一个被杀死，另一个被活捉，霍去病率领的汉军却没有什么伤亡。汉武帝把他封为“冠军侯”，称赞他勇冠三军。

元狩二年（前 121）春天，汉武帝任命霍去病为骠骑将军，让他独自率领一万精兵前去攻打匈奴，这就是河西大战。19 岁的统帅霍去病果然不负众望，在千里大漠中闪电奔袭，打了一场漂亮的大迂回战。六天中他和匈奴的五个部落交过战，其中以在皋兰山与匈奴卢侯、折兰王的战争最为激烈。最终，霍去病取得了胜利，但是兵力损失严重，他率领的一万精兵仅有三千人返回了长安。然而匈奴的军队更是损失惨重，卢侯王和折兰王都战死了，浑邪王子和相国、都尉都做了俘虏，匈奴损失兵力高达八千九百六十人，匈奴用来祭天的金佛像也成了汉军的战利品。这次战役之后，霍去病也成为汉军中军人的学习榜样。同年夏天，汉军又乘胜追击，和匈奴展开了收复河西地区的战争。战后，匈奴被汉军赶到了燕支山北面，汉朝收复了河西平原。曾经在汉王朝头上为所欲为，使无数汉朝百姓家破人亡的匈奴终于也唱出了自己的哀歌："我们失去了祁连山，牛马牲畜都不再繁衍；我们失去了燕支山，妇女儿童没有了欢颜。"从此，汉军军威大振，而十九岁的霍去病更成了令匈奴人闻风丧胆的战神。

元狩四年（前 117 年），为了彻底消灭匈奴主力，汉武帝发起了规模空前的"漠北大战"。在深入沙漠北部寻找匈奴主力的过程中，霍去病率领士兵快速前进了两千多里，以迅雷不及掩耳之势大败匈奴军，最终杀灭匈奴兵七万多人，俘虏匈奴王爷三人，俘虏匈奴的将军、相国、当户、都尉共八十三人，而汉军仅损失了一万五千人。同时，霍去病又率领大军在狼居胥山举行了隆重的祭天地典礼，进一步光耀汉朝的神威。典礼结束后，霍去病继续率领大军追击匈奴，一直打到瀚海（今俄罗斯贝加尔湖）地区，才肯罢休。霍去病和他的"封狼居胥"举动，从此成为中国历代士兵的最高追求。而此时的霍去病，才刚刚二十二岁。回到长安后，汉武帝封他为大司马骠骑将军。

霍去病平时少言多行，从不说空话。汉武帝曾经想亲自教给他孙吴兵法，他回答道："打仗应该随机应变，而且战场上的形势很容易变化，古代的兵法已经不合适了。"为了奖励他，汉武帝曾经让人给他盖了一所大房子。霍去病推辞不要，他说："匈奴还没有被消灭，我用什么来作为自己的家呢!"这种大公无私的精神一直为后代人赞赏。

然而这位杰出的青年军事家在战场上仅仅驰骋了六年，元狩六年（前 117 年），24 岁的大将军霍去病就去世了。汉武帝对霍去病的死非常悲伤，出殡的那天，他调来负责京城防守的铁甲军为霍去病送行，身着黑衣黑甲的铁甲军从长安城一直排到了霍去病的墓地茂陵。他还命令手下将霍去病的坟墓修成祁连山的模样，鲜明地显示了他大破匈奴的伟大战功。

霍去病被汉武帝封为景桓侯。

出使西域

为了消除匈奴的威胁，汉武帝下了一道诏书，招募人才出使西域去联络大月氏国。大月氏国和匈奴有深仇大恨，它曾经被匈奴打败，不得不向西逃去。汉武帝想，大月氏在匈奴西边，汉朝如果能跟大月氏联合起来，切断匈奴跟西域各国的联系，这等于切断了匈奴的右胳膊，那么对匈奴的作战，成功也就有了很大的把握。由于月氏国在匈奴的西边，联络上了月氏就等于斩断了匈奴的右臂，但是去月氏必须要经过匈奴，一般人都不敢来应征。武帝身边有个卫士叫张骞，胆子特别大。他认为出使月氏是为了汉朝的安全，即使有风险也不可怕，于是就勇敢地应征了。

建元三年，汉武帝正式任命张骞为使者，让他带着翻译堂邑父和其他应征的人，组成了一支一百多人的出使队伍，从甘肃陇西出发，前往西域月氏国。为了不被匈奴兵发现，他们白天休息，晚上赶路，条件十分艰苦。不料，他们一出陇西，就碰上了匈奴的骑兵。由于寡不敌众，张骞和他带领的一百多人都被俘虏了。单于还安排了一个匈奴女人嫁给他，想让他留在匈奴当官。但张骞心里却一直怀念汉朝。他把汉武帝交给他的符节偷偷地保存着，等待机会逃走。

过了几年，张骞和堂邑父两人终于找到了机会，偷了两匹好马，逃出了匈奴，一直向西走去。几个月后，终于走出了沙漠，来到了一个热闹的地方。他们以为那里就是月氏国了，打听之下才知道原来是大宛国。大宛国国王早就听说过广阔富庶的大汉朝，他们也很想跟汉朝建立关系，却找不到门路。现在见到张骞他们，高兴极了，立刻拿出好酒和牛羊肉来招待他，张骞向国王说明了这次出使的目的和任务。在大宛王的帮助下，张骞和堂邑父顺利到达了康居，康居人又护送他们到了月氏国。

自从月氏国王被匈奴杀害后，月氏国向西迁到了大夏国境内，和大夏国合并成一个新的国家大月氏国。由于当地土地肥沃，物产丰富，百姓们安居乐业，已经不想回去面对匈奴了。因此，不管张骞如何向大月氏王表达汉朝想联合他们攻打匈奴的想法，大月氏王都没有答应。张骞他们只好返回了。

在回来的路上，张骞和堂邑父又被匈奴人捉住了。后来，他们乘着匈奴内乱的机会逃跑，回到了长安。

张骞他们这次出使西城，一共花了十三年时间。去的时候，张骞还是个年轻人；回来的时候，已经人到中年了。去的时候，随行的有一百多人；回来的时候，只剩下他和堂邑父两个人了。汉武帝很是感动，于是封张骞为中大夫，堂邑父为奉使君。

这次出使月氏，虽然没有达到预期的目的，但是却得知大宛、康居、大月氏、大夏等西域各国都很想和汉朝建立良好的关系，互相做买卖。汉武帝听到张骞说的这些事，心中很感兴趣，也愿意和西域各国建立友好往来的关系。

于是，汉武帝接受了张骞的建议，派他从四川出发，第二次出使西域，但安排出去探路的四路人马都被挡了回来。

元狩四年，汉朝在对匈奴作战中取得了胜利。汉武帝想再次派人出使西域，于是又一次召见张骞。张骞建议汉武帝结交西域的乌孙国，认为可以把公主嫁给乌孙国国王，和他们共同抵抗匈奴。于是由张骞担任正使，带领副使和将士们三百多人，带着许多金银、绸缎和牛羊出使西域。

张骞到了乌孙后，把随行的副使分别派往大宛、康居、大夏等国家，他自己留在乌孙，跟乌孙王商谈，乌孙王因为不了解汉朝的实际情况，心中又害怕匈奴，就打算先派人跟着张骞到长安去了解情况后再做决定。

汉武帝元鼎二年，张骞带着乌孙的使者回到了长安。汉武帝热情地招待了乌孙使者，还派人带着他们到各地去参观，乌孙使者亲眼目睹了长安的繁华和汉朝的强大鼎盛，回到乌孙后，也把这些情况报告给了乌孙王。乌孙王听了很高兴，立刻和汉朝建立了友好关系，并且娶了汉朝的公主为右夫人。

张骞从乌孙回长安后，过了一年多就病死了。他死后不久，派到大宛等其他国家的副使，也陆续带着各国的使者回到了长安。这些国家和乌孙国一样，都跟汉朝建立了友好的关系。

张骞几次出使西域，打开了汉朝通往西域各国的大门。由于和西域各国的交流，西域出产的葡萄、核桃、石榴、黄瓜、蚕豆、豌豆、大葱和大蒜等被传入中国，这些农作物在黄河、长江流域繁殖开来。汉族人先进的农业生产技术、打井和炼铁的方法也传到了西域各国。这样一来，汉朝和西域都得到了很大的好处。

那些喜欢美丽丝绸的西方国家，也打发越来越多的商人来到中国。中国商人也带着丝绸，成群结队地到中亚、西亚去做买卖，他们来往的道路被称为“丝绸之路”。丝绸之路为增进各国之间的友谊和促进交流起了巨大作用。